Uwe Böschemeyer
Gespräche der inneren Welt

Gespräche der Freude - des Herzens - der Liebe - des Mutes
- des Vertrauens - der Geborgenheit -

Die „Bewohner" der inneren Welt, von denen in diesem Büchlein die Rede ist, sind symbolischer personhafter Ausdruck menschlicher Eigenschaften. Die Seele hat nämlich nicht nur die Tendenz, sich in allgemeinen Bildern zu zeigen, sondern auch in personifizierten Symbolen.
Uwe Böschemeyer hat die Geschichten und Gespräche nicht erdacht. Er hat sich auf die Worte *Freude, Liebe, Geborgenheit, Herz, Mut* und *Vertrauen* eingestellt und darauf gewartet, dass sich ihm dazu Bilder, Geschichten und Gespräche der inneren Welt zeigten, jener unbewusst-geistigen Landschaft unserer Seele, in dem die „Weisheit des Herzens" (Pascal) zu Hause ist.

Zum Autor:

Dr. Uwe Böschemeyer wurde 1939 geboren. Er studierte evangelische Theologie und widmete sich Studien in Philosophie und Psychologie. Seine Dissertation über die Sinnfrage in der Existenzanalyse und Logotherapie Frankls aus theologischer Sicht erschien 1977 als sein erstes Buch.
1975 erwarb er bei Prof. Viktor Frankl in Wien sein Zertifikat in Logotherapie und Existenzanalyse und wurde von ihm 1980 auch zur Lehre der existenzanalytischen Logotherapie autorisiert. 1982 gründete er das *Hamburger Institut für Existenzanalyse und Logotherapie*, 2006 die *Akademie für Wertorientierte Persönlichkeitsbildung* in Lüneburg. 2000 erhielt er das *Europäische Zertifikat für Psychotherapie* (ECP). 2006 wurde er zum Rektor der *Europäischen Akademie für Wertorientierte Persönlichkeitsbildung* in Salzburg ernannt.
Schwerpunkte seiner Arbeit sind die Wertimaginationstherapie und die von ihm entwickelten Konzepte *Wertimagination/WIM®* und *Wertorientierte Persönlichkeitsbildung/WOP®*. Seit 1975 ist Uwe Böschemeyer wissenschaftlicher Mitarbeiter des Hamburger Abendblatts. Er publizierte zahlreiche Bücher und Aufsätze.

Uwe Böschemeyer

Gespräche
der inneren Welt

Gespräche
der Freude – des Herzens
der Liebe – des Mutes
des Vertrauens – der Geborgenheit

Umschlag/Satz: Sirach Lotz, Magda Van Cappellen

Herstellung und Verlag: Books on Demand GmbH
Norderstedt
ISBN 9783837010480

Inhalt

VORWORT

Liebe Leserin, lieber Leser,

dieses kleine Buch fasst sechs Bände zusammen, die vor Jahren im SKV-Verlag erschienen sind. Weil die Nachfrage nach den kurzen Geschichten und Gesprächen, die in der „inneren Welt" handeln, nicht nachgelassen hat, möchte ich sie in dieser veränderten Form wieder zugänglich zu machen. Die einzelnen Texte habe ich noch einmal überarbeitet.

Die „Bewohner" der inneren Welt, von denen in diesem Büchlein die Rede ist, sind symbolischer personhafter Ausdruck menschlicher Eigenschaften. Die Seele hat nämlich nicht nur die Tendenz, sich in allgemeinen Bildern zu zeigen, sondern auch in personifizierten Symbolen.

Ich habe die Geschichten und Gespräche nicht erdacht. Ich habe mich auf die Worte *Freude, Liebe, Geborgenheit, Herz, Mut* und *Vertrauen* eingestellt und darauf gewartet, dass sich mir dazu Bilder, Geschichten und Gespräche der inneren Welt zeigten, jener unbewusst-geistigen Landschaft meiner Seele, in dem die „Weisheit des Herzens" (Pascal) zu Hause ist. Glücklicherweise hat jeder Mensch diese Landschaft in sich. Die Zugänge zu ihr muss man allerdings suchen.

Eine Empfehlung: Lesen Sie das Büchlein nicht „durch". Nehmen Sie sich Zeit für die einzelnen Gespräche. Nehmen Sie sich Zeit, sie auf sich wirken zu lassen.

Wie Sie sehen werden, geht es mir darum, wertorientiert zu denken. Denn wir leben nicht - jedenfalls nicht primär - von der vertieften Kenntnis unserer Probleme, sondern von vertieften Einsichten in *neue* Denk- und Handlungsmuster.

Von Herzen wünsche ich Ihnen, liebe Leserin, lieber Leser, beim Lesen eine bekömmliche Zeit.

Lüneburg, im Juli 2007

GESPRÄCHE DER FREUDE

Nur wenige Bewohner der inneren Welt werden von den anderen Bewohnern so geliebt wie die Freude. Das liegt an ihrem Wesen. Manch kluger Geist hat es zu erklären und zu beschreiben versucht. Doch die Freude zeigt sich nicht in ihrem Wesen, wenn Worte nach ihr greifen. Sie zeigt sich aber dem, der sie bestaunen und erfahren möchte und dem, der sie zuerst im Innern sucht.

Der Besuch der Freude

An einem strahlenden Sommermorgen machte die Freude sich auf den Weg, um die Traurigkeit zu besuchen. Es war ihr zu Ohren gekommen, dass diese trotz der Wärme, des Lichts und der überquellenden Natur nicht fröhlich werden konnte. Die Freude hatte gehofft, die Traurigkeit in ihrem Garten anzutreffen, doch fand sie sie in einem Raum, der von schweren Vorhängen verdunkelt war.

Die Traurigkeit bemerkte die Besucherin erst, nachdem diese mehrfach mit ihrer hellen Stimme einen „Guten Tag!" gewünscht hatte. Die Traurigkeit schaute kaum auf, als sie den Gruß erwiderte. Die Freude, die, wie erwähnt, aus dem Sommer kam, hatte zunächst Mühe, sich an den dunklen Raum zu gewöhnen.
Doch weil sie wusste, was sie wollte, ließ sie sich nicht zu lange von der ihr ungewohnten Umgebung beeindrucken und sagte zur Traurigkeit: „Ich komme, weil ich dich zu einem Spaziergang einladen möchte."

Die Angesprochene war nicht nur überrascht, sondern auch verärgert. Wie konnte es jemand wagen, ihr in ihrem Zustand
so etwas zuzumuten? Die Freude (sie hatte durchaus nicht nur für schöne Dinge
einen Blick) erriet die Gedanken der
Traurigkeit und fragte, ob sie denn all das
Schöne draußen vor der Tür nicht sehen
wolle.

Da richtete sich die Traurigkeit in ihrem
Sessel auf, sah die Freude gar nicht
freundlich an und entgegnete: „Du weißt
wohl nicht, in welchem Hause du bist.
Ich habe vieles zu beklagen und manches
zu beweinen. Wie also sollte ich ausgerechnet mit dir durch diesen Sommer
gehen? Er ist für andere da, doch nicht
für mich. Wie sollte ich mich freuen, wenn
mein Herz voll Trauer ist?"

Einen Augenblick war die Freude geneigt,
der Traurigkeit recht zu geben. Dann aber
kamen ihr Fragen. Hatte nicht auch sie
selbst, gerade in letzter Zeit, das eine oder
andere erlebt, dass sie bedrängt und bedrückt hatte? War das, was die Traurigkeit erlebte, so viel notvoller als das, was
ihr, der Freude, widerfahren war?
Gewiss, sie beide wohnten an verschie-

denen Orten in der inneren Welt und hatten auch verschiedene Aufgaben, und doch – lebten sie nicht beide in der *einen* Welt?

Nach einer langen Zeit des Nachdenkens nahm die Freude das Wort wieder auf und sagte: „Vielleicht ist es so, dass du das Traurige tiefer siehst als ich. Wahrscheinlich ist auch, dass ich das Beglückende tiefer sehe als du. Und sicher ist, dass wir wohl beide ein wenig einseitig ins Leben sehen. Doch frage ich mich, aus welcher Sicht die größere Liebe kommt.“

Die Freude erschrak ein wenig, als sie sich so reden hörte, doch wurde sie von ihrer kleinen Verwirrung abgelenkt, als sie das lächelnde Gesicht der Traurigkeit erblickte und sah, dass diese aufstand, den Vorhang beiseite zog und sie zum Aufbruch in den blühenden Morgen drängte.

Das Freudenfest

Einmal im Jahr, wenn der Sommer sich zu verabschieden beginnt, wird in der inneren Welt das Freudenfest gefeiert, das – wie könnte es anders sein? – im Garten der Freude stattfindet. Für die meisten Bewohner ist es der Höhepunkt des ganzen Jahres. Letztes Mal geschah etwas Ungewöhnliches. Lange Zeit sprach man darüber, und wahrscheinlich wird das Gespräch darüber nie zu Ende gehen.

Die Musiker, beschwingt von ihrer eigenen Musik und dem feurigen Tanz der Freudengeister, hatten gerade ihr Lieblingsstück zu spielen begonnen, als plötzlich ein wütendes Gebrüll aus dem weniger erleuchteten Teil des Gartens alle anderen Stimmen verstummen ließ. Die Musiker spielten zunächst tapfer weiter, doch brachen sie ihr Spiel ab, als das Gebrüll sich ausbreitete. Was war geschehen?

Der Friede hatte es gewagt, sich an den Tisch der Wut zu setzen. Zunächst, als beide dem hervorragenden Mahl zugewandt waren, hatte sie den Frieden

durchaus in ihrer Nähe dulden können.
Doch als er mit ihr über den alten Streit
zu reden begann, war sie rasch außer sich
geraten und hatte zu toben begonnen.
Und obwohl der Friede, trotz seiner Er-
schütterung, ruhig geblieben war und die
Wogen der Wut zu glätten versucht hatte,
war sie zunehmend außer sich geraten.
Man verständigte rasch die Gastgeberin.
Die Freude, die gerade ein höchst amü-
santes Gespräch mit der Heiterkeit führte,
verstand nicht gleich, worum es ging.
Doch als sie selbst das Gebrüll hörte,
machte sie sich unverzüglich auf den Weg
zum Ort des Streits.

Als die Wut die Gastgeberin sah, war ihr
deren Erscheinen zwar ein wenig peinlich,
doch versuchte sie sogleich, sich zu rechtfertigen. Mit lauter Stimme und wild gesti-
kulierend redete sie auf die Freude ein,
die sich, ohne lange zu überlegen, an die
Seite des Friedens setzte. Dieses spontane
Zeichen reizte die Wut noch mehr, gleich-
zeitig schien es sie zu beeindrucken.
Allmählich beruhigte sie sich, redete zwar
noch eine Weile weiter, aber nicht mehr so
laut und nicht so bewegt. Dann schwiegen
alle.

Nach einiger Zeit sah die Freude die Wut fest, doch nicht unfreundlich an und sagte: „Es gibt Stunden, in denen du kein Recht hast, auch nur einen unserer Bewohner zu bedrängen. Es gibt Stunden, wie heute, in denen ihr Bewohner aus dem dunklen Landesteil die Aufgabe habt, euch zurückzuhalten, und fiele es euch auch noch so schwer. „Denn", fuhr die Freude fort und sah dabei die Wut jetzt fast zärtlich an, „wie viele Stunden gibt es, in denen wir aus dem hellen Landesteil uns zurück halten müssen, weil ihr zu eurem Leben kommen wollt!"
Dann sagte die Freude den Satz, der allen im Gedächtnis blieb: „Es wäre so gut, wenn du und ich und alle anderen auch schon morgen damit anfingen, die Grenze zwischen unseren Ländern zu beseitigen. Denn diese Grenze raubt uns die Kraft, die wir alle für ein gutes Leben brauchen."
Wieder schwiegen alle.
Die Wut wischte sich verlegen den Schweiß von der Stirn und wusste nicht so recht, wohin sie sehen sollte. Der Friede lächelte, doch nicht aus Genugtuung. Dann erhob sich die Freude, nahm die Wut beim Arm und entführte sie aus der Runde. Und als man aus der Ferne das

helle und das dunkle Lachen der beiden
hörte, setzte die Musik wieder ein, und die
Lust lud alle ein zur traditionellen Polonaise durch den Garten der Freude.

Das Lachen im Regen

An einem regnerischen Herbsttag konnte die Freude nicht umhin, der Leichtigkeit einen Besuch abzustatten. Durchnässt, klopfte sie an deren Tür. Als sich die beiden sahen, schütteten sie sich zunächst einmal aus vor Lachen. Die Freude sah nämlich sehr abenteuerlich aus. Die Regenkleidung war uralt und entsprechend durchlöchert, und statt solider Stiefel trug sie Sommersandalen. Die Freude glich einem einzigen kräftigen Wassertropfen.

Die beiden hatten sich noch nicht ganz ausgelacht, als die Leichtigkeit auf die Idee kam, auch eine Regenwanderung machen zu wollen, natürlich mit der Freude. Diese stimmte sogleich zu, obwohl sie nicht ungern erst einmal einen warmen Tee zu sich genommen hätte. Die Begeisterung der Leichtigkeit war jedoch so groß, dass die Freude ebenso gern mit ihrer Freundin in den Regen zurückkehrte. Andere Bewohner der inneren Welt standen hinter ihren Fenstern und sahen kopfschüttelnd zu, wie die beiden Unvernünftigen durch das Wasser stapften. Die Sorge allerdings öffnete das Fenster und rief ihnen zu, ob sie denn nicht an ihre Gesundheit dächten. „Nein", riefen sie übermütig zurück, „das tun wir nicht."

Der Regen nahm zu. Doch je mehr er zunahm, desto ausgelassener wurden sie. Ihre Gesichter streckten sie himmelwärts, öffneten weit ihren Mund und fingen die Tropfen auf. Sie fahndeten nach besonders großen Pfützen, sprangen hinein und bespritzten sich gegenseitig. Sie riefen dem Regen, als der mit seinen Wässerungen nachzulassen begann, frivol zu, ob er denn etwa schon müde sei. So scherzten sie und belustigten sich und lachten immer wieder.

Als es dunkel wurde, machten sich beide auf den eigenen Heimweg. Sie nahmen sich bei der Verabschiedung, so nass, wie sie waren, liebevoll in den Arm.
Die Freude lächelte die Leichtigkeit zärtlich an und sagte nur: „Wenn der Regen nicht gewesen wäre, hätte ich dich heute nicht besucht."
Die Leichtigkeit fuhr der Freude mit der Hand zart über die nasse Stirn und ant-

wortete: „Und wenn du nicht gekommen wärst, hätte ich vielleicht die Traurigkeit besucht...“

Die Frage des Ärgers

Einst fragte der Ärger missmutig die Freude, woher ihre ständige Fröhlichkeit komme. Die Art, wie sie das Leben betrachtete, war ihm nämlich lange schon ein Dorn im Auge. Andererseits spürte er hin und wieder Neid, wenn er sah, wie sie das Leben genoss.
Die Freude lachte laut auf, als sie die Frage hörte. Wahrscheinlich aber lachte sie auch, weil der Ärger sie wieder einmal griesgrämig ansah. (Jeder Bewohner der inneren Welt wusste übrigens, dass die Freude größte Mühe hatte, den Ärger ernst zu nehmen).

Nachdem sich die Freude etwas beruhigt hatte, fragte sie zurück: „Was denkst du, woher mir die Fröhlichkeit kommt?"
Diese Frage hätte sie lieber nicht stellen sollen, denn nun fuhr es nur so aus dem Ärger heraus: „Wie soll ich das wissen? Als Realist sehe ich weit und breit wenig, wenn nicht gar nichts, worüber ich mich freuen könnte. Auf Schritt und Tritt begegne ich Dingen, die nicht so sind, wie

sie sein sollten. Alles ist unvollkommen." Noch vieles andere sagte der Ärger, was beweisen sollte, dass es für einen vernünftigen Bewohner der inneren Welt keinen Grund gab, fröhlich zu sein.

Wieder hatte die Freude das Gefühl, den Ärger nicht ganz ernst nehmen zu können. Doch dann entschloss sie sich, sich wenigstens dieses eine Mal Mühe zu geben und um Verständnis für sich zu werben. „Schau", sagte sie und zeigte auf einen blühenden Strauch, „da ist zum Beispiel ein Grund für eine große Freude." Der Ärger war mit dem Blick ihrer Handbewegung gefolgt und sagte nur: „Du weißt doch, dass die Blüte morgen schon vorbei sein kann."
Da kamen zwei fröhlich plaudernde Frauen vorbei. Die Freude deutete in deren Richtung und fuhr fort: „Schau, da ist schon wieder ein Grund, um fröhlich sein zu können." Der Ärger verzog sein Gesicht und erwiderte nur: „Dieses läppische Gerede könnte mich nicht fröhlich stimmen."
Aus der Ferne sahen beide ein verliebtes Paar, das selbstvergessen auf den Fluss schaute, „Und die beiden, sind sie denn nicht ein Grund, das Leben schön zu fin-

den?", versuchte die Freude noch einmal, den Ärger von sich selbst zu befreien. „Wer steht denn da verliebt am Fluss, die oder ich?" entfuhr es dem Ärger.

Da begriff die Freude, was ihn daran hinderte, so wie sie selbst das Leben erfreulich zu finden. Ja, das war es: Er ließ nur gelten, was ihm selbst gehörte – und auch nur das, was vollkommen war.

Nachdem die Freude diesen Zusammenhang erkannt hatte, nahm sie den Ärger zum ersten Mal ernst, schaute ihn mitfühlend an und sagte nur: „Ich wünschte, wir sprächen manchmal miteinander."
In diesem Augenblick veränderte sich etwas in ihm. Es war, als hätte er die Gedanken der Freude erraten. Er schwieg und sah zu Boden. Man sah, dass er etwas verbergen wollte...
Ohne ein Wort zu sagen, gab er ihr die Hand, wohl einen kleinen Augenblick zu lange. Schroff wandte er sich ab und ging stapfend davon.
Die Freude sah ihm nach. Ihr blieb nicht verborgen, dass er einer weißen Taube nachschaute, die in den glutroten Abendhimmel flog.

Die Begegnung auf der Brücke

Einmal sah man die Freude vor Glück weinen, und dabei wirkte sie fast noch liebenswerter als sonst: An einem Frühlingstag begaben sich viele Bewohner der inneren Welt ins Freie. Helligkeit lag über dem Land, und aus dem Boden roch es nach neuem Leben.

Da trafen sie sich: Die Liebe und der Hass. Die Liebe erschrak, als sie ihn sah. Der Hass frohlockte grimmig, als er sie bemerkte. Sie konnten einander nicht ausweichen, denn sie begegneten sich auf einer schmalen, hängenden Brücke, die über einen Fluss führte. Jeder hatte nur die Möglichkeit, dem anderen behilflich zu sein und ihn vorbei zu lassen oder aber umzukehren.

Die Freude hatte die Situation kommen sehen und wartete gespannt darauf, was nun kommen würde. Da erblickte sie ein Kind, das des Weges kam und auf die Brücke zulief. Es sah bezaubernd aus. Es hatte sich Blumen ins Haar geflochten,

voll Blumen bemalt war auch ihr rotes
Kleid. Das Kind strahlte die beiden an, die
Liebe und den Hass, so ganz ohne Grund
und einfach nur so.
Die Liebe schaute auf das Kind und
lächelte es warm an. Auch der Hass sah,
obgleich nach einigem Zögern und nicht
ohne Scheu, in die kleinen strahlenden
Augen. Und aus seinem Gesicht verlor
sich die Kälte der langen Jahre.
Dann sah der Hass auch die Liebe an,
zwar einen Augenblick nur, doch schien
es, als wollte er etwas sagen. Er wandte
sich jedoch um, ging zum Anfang der
Brücke zurück und wartete so lange, bis
das Kind und auch die Liebe den Fluss
sicher überquert hatten.
Das war der Tag, an dem man die Freude
vor Glück weinen sah.

Die Trauer der Freude

Immer wieder gibt die Freude den Bewohnern der inneren Welt Rätsel auf. Manchmal verlässt sie, wenn die Nacht heranzieht, ihr Haus und kehrt erst am Morgen zurück. In der letzten Zeit macht sie sich noch häufiger als sonst auf den Weg. Niemand weiß so recht, wohin sie geht und was sie tut. Sie spricht auch nicht darüber.

Kürzlich allerdings vertraute sich die Freude der Weisheit an: „Es gibt immer mehr Menschen, die mich nicht finden. Doch weil niemand ohne mich auf Dauer leben kann, gehe ich zu den Träumen. Dann beraten wir miteinander, auf welche Weise wir dem oder jenem in der Nacht das Herz füllen können, damit er weiterleben kann."
Der Weisheit entging nicht, dass die Freude bei dieser Eröffnung merkwürdig ernst geblieben war und sprach sie darauf an. Die Freude erwiderte: „Mich macht diese geheime Mission jedes Mal wieder traurig, denn die Möglichkeiten, mich auch am

Tage zu finden, sind immer gegeben."
„Für jeden?", wollte die Weisheit wissen.
„Für jeden, jedenfalls für die meisten",
antwortete die Freude.
„Auch in dieser Zeit?"
„Auch in dieser Zeit", entgegnete sie fast
trotzig.
„Und warum finden dich so viele Menschen nicht oder nicht oft genug?"
„Weil sie mich nur halbherzig suchen",
sagte die Freude.
„Und warum suchen sie dich nur halbherzig?", fragte die Weisheit hartnäckig weiter
(Sie wirkte immer wie ein Kind, wenn es
um etwas besonders Wichtiges ging).
„Das musst du die Menschen schon selber
fragen", wehrte die Freude ab und wieder-
holte den Satz, weil sie den Trotz brauchte, um sich der Traurigkeit erwehren zu
können: „Das musst du die Menschen
schon selber fragen".

Der Geburtsort der Freude

Kein Bewohner der inneren Welt wusste so recht, an welchem Ort die Freude geboren worden war. Nicht einmal die Klugheit wagte auf diese Frage eine klare Antwort zu geben.

Mehrere Bewohner nahmen für sich in Anspruch, ihr Haus wäre der Geburtsort der Freude, so zum Beispiel die Vernunft, auch die Schönheit, begreiflicherweise auch die Lust. Diese und noch andere Bewohner behaupteten von Zeit zu Zeit, nirgendwo anders als bei ihnen sei der Ort, an dem die Freude das Licht der inneren Welt erblickt habe.

Die Klugheit wusste, dass die Frage von Generation zu Generation nicht nur immer wieder neu gestellt, sondern auch immer wieder anders beantwortet wurde. Sie schloss daraus, dass die Antwort für die Bewohner aller Zeiten von höchstem Interesse sein musste.

Die Freude selbst hielt sich in den Gesprächen über ihre Herkunft bedeckt. Ja, es schien fast so, als wolle sie durch ihr Schweigen die Frage nicht zur Ruhe kommen lassen. Ihre Freundin, die Weisheit, hatte ihr nämlich einmal gesagt, jemand, der auf eine wichtige Frage eine richtige Antwort gefunden habe, verliere vielleicht das Interesse an dem, worum er sich lange bemüht habe.

Einmal jedoch, als mehrere Bewohner auf dem Weg zu einer Versammlung waren, geschah etwas, was das Geheimnis der Freude offenbarte. Schon von weitem erkannten sie sie an ihrem bunten Kleid und dem nicht weniger bunten Hut, der mit vielen kleinen Rosen geschmückt war. Die Wanderer blieben wie verabredet stehen. Niemand sagte ein Wort, um nur nicht die Freude bei dem zu stören, was sie gerade tat.

Ganz nah stand sie an einem alten Baum und unter dem Dach seiner weiten begrünten Äste. Sie sprach mit ihm, wie man mit einem alten Freunde spricht. Sie streichelte, liebkoste und umarmte ihn – und sah ihn wieder und wieder an, als wäre sie noch immer nicht vertraut genug mit ihm. Und während sie so dastand und

ihm all ihre Freundlichkeit schenkte, leuchtete ihr Gesicht, als hätte sie nie zuvor einen schöneren Baum gesehen.
Unter den Wanderern, die Zeuge dieser Begebenheit wurden (über die niemand sprach) war auch die Liebe. Ihr Gesicht leuchtete kaum anders als das der Freude. Die Behutsamkeit war die erste, der diese Ähnlichkeit auffiel. Dann erkannten auch die anderen die Verwandtschaft – und waren tief berührt.

Schweigend ging man weiter, und jeden bewegte nur der eine Gedanke: Die Liebe also ist die Heimat der Freude.

Die Kinder und die Freude

Kein Haus der inneren Welt wird so oft von Kindern umlagert wie das der Freude. Viele von ihnen kommen schon am frühen Morgen und bleiben nicht selten bis zum Abend. Die Großen, besonders jene, die im Tiefland der inneren Welt wohnen, fragen sich immer wieder, warum das so ist.

Einige der Großen meinen, die Freude erwarte von den Kindern nichts. Die nächsten nehmen an, dass sie sie verwöhne. Andere sind der Ansicht, die Freude sei, wie die Kinder selbst, ein wenig naiv. Jedenfalls geht es sehr ernst zu, wenn die Erwachsenen um die Antwort auf diese Frage ringen.

Fragt man die Freude selbst, warum die Kinder ihre Nähe suchen, dann lacht sie nur und sagt: „Es scheint, als sei ich für sie das Wichtigste im Leben."

GESPRÄCHE DES HERZENS

Gibt es etwas Unergründlicheres als unser Herz? Wahrscheinlich lässt es sich deshalb kaum erforschen, weil seine Heimat in der Mitte des Lebens liegt. Und doch, man muss es kennen, so gut wie möglich jedenfalls, weil sich das wirkliche Leben nur dem erschließt, der mit ihm vertraut ist.
Das Herz ist mit den anderen Bewohnern der inneren Welt zwar verwandt, mit der Freude etwa oder der Liebe, und trotzdem hat es seine eigene Sicht der Dinge und seine eigene Stimme. Jede Begegnung mit dem Herzen weitet menschliches Leben aus und vertieft es.

Die Empfehlung des Herzens

Wenn in der inneren Welt eine wichtige Entscheidung ansteht, hoffen alle Bewohner darauf, dass sich das Herz an deren Vorbereitung und Ausführung beteiligt. Es hat sich nämlich herausgestellt, dass dann, wenn es bei wichtigen Dingen nicht beteiligt ist, diese in aller Regel scheitern.

Jedes Mal nun, wenn sich das Herz aufmacht, um mit den anderen etwas Wesentliches zu beraten, zu beschließen und zu tun, klopft es an die Tür des Mutes und bittet ihn, es zu begleiten. Denn es weiß, dass es den Mut bei allen wichtigen Entscheidungen braucht.

Zwar haben sich längst alle Bewohner daran gewöhnt, dass sich das Herz bei den „Großen Versammlungen" der Hilfe des Mutes vergewissert, doch staunen manche noch immer darüber, dass der Mut sich niemals verweigert, wenn das Herz ihn um Beistand bittet. Andere nämlich haben mit dem Mut ganz andere Erfahrungen gemacht.

Kürzlich fasste die Scheu all ihre Kräfte zusammen und fragte das Herz nach dem Grund dafür, warum der Mut ihm jedes Mal folge, ohne zu fragen und ohne zu klagen.

Das Herz lächelte die Scheu freundlich an und sagte: „Wahrscheinlich folgt mir der Mut, weil er weiß, dass ich bei wichtigen Entscheidungen nicht nur mich selbst, sondern auch die anderen im Blick habe."

Die Scheu, berührt von der bleibenden Freundlichkeit des Herzens, wagte noch eine Frage: „Wie aber kann ich lernen, mich weniger in den Blick zu nehmen?" Das Herz sah die Scheu jetzt ungewöhnlich ernst an und sagte: „Indem du deine Aufmerksamkeit auf das hin lenkst, was wirklich wichtig ist im Leben." Und, weil das Herz die weitere Frage der Scheu erraten hatte, fügte es hinzu: „Frag dich, wann immer du nur dich und deinen Kummer siehst: Ist das, was mich bedrängt, so wichtig? Wenn du diese Frage ernsthaft stellst, wirst du erfahren, was wirklich wichtig ist – und darauf sehen."

Die Scheu war während des Gespräches, in dem sie so viele wichtige Fragen gestellt hatte, um mehrere Zentimeter gewachsen (was sie selbst allerdings nicht bemerkt hatte). Und als sie auf dem Heimweg dem Mut begegnete, grüßte der sie mit einem seltsam offenen Lächeln.

Das Herz und die Angst

An einem Sommermorgen kam das Herz der Angst entgegen. Das Herz erkannte sie schon von weitem, denn es hatte diese hagere Gestalt, die stets von einem grauen Gewand umhüllt war, schon oft gesehen.

Das Herz konnte sich des Eindrucks nicht erwehren, dass die Angst ihm aus dem Wege gehen wollte, vielleicht deshalb, weil es selbst als eine Person gerühmt wurde, die vieles wusste und tiefer sah als alle anderen.
Das Herz verlangsamte seine Schritte und grüßte die Angst freundlich, und diese konnte nicht umhin, auch zu grüßen und stehen zu bleiben.

Das Herz begann das Gespräch mit einer (für andere) erstaunlichen Frage: „Sag, warum trägst du stets dieses graue Gewand?" Die Angst zuckte zusammen, obwohl das Herz sie freundlich ansah. Sie legte beide Arme schützend vor ihre Brust und trat einen kleinen Schritt zurück.
Das Herz sah, was in der Angst vorging,

doch wollte es sie nicht beschämen, ihr bei der Suche nach einer Antwort behilflich zu sein. Deshalb wartete es, wenn auch nicht ohne Anspannung, bis die Angst ihre Worte gefunden hatte.

Dann sagte sie: „Ich trage stets das graue Kleid, weil das Leben so bedrohlich ist und man sich deshalb lieber nicht sehen lassen sollte." Das Herz schien einen Augenblick verwirrt. Es fiel ihm nicht leicht, die Antwort der Angst zu verstehen. Es gewann jedoch die ihm eigene Klarheit zurück und fragte: „Kann es sein, dass du das Leben, dessen Kinder wir ja sind, nicht richtig kennst?"

Diese Frage verschlug der Angst fast den Atem, denn sie sah in ihr eine schreckliche Kritik. „Wie meinst du das?", war deshalb alles, was ihr als Antwort einfiel.

„Nun" entgegnete das Herz, „wenn du dem Leben aus dem Wege gehst – wie solltest du es dann kennen?"

Die Angst war sprachlos, wie sie es immer war, wenn eine Autorität einen Satz sagte, der richtig zu sein schien. Sie schwieg – und wartete auf den nächsten „Angriff" des Herzens.

Auch das Herz schwieg. Es schwieg aus Trauer, wie es immer aus Trauer schwieg, wenn sich ein Lebewesen dem Leben verschloss. Doch weil es ahnte, dass von der Angst keine neue Äußerung zu erwarten war, begann es noch einmal: „Schau, in manchem hast du recht: Manches im Leben ist bedrohlich, doch vieles andere nicht. Du siehst zu wenig auf das andere."

Das Herz ließ den Satz wirken. Dann fügte es noch einen anderen hinzu, und der war ihm der Wichtigste: „Ob das Bedrohliche oder das Befreiende unsere Tage bestimmt, hängt davon ab, worauf wir vor allem achten... Das Bedrohliche zeigt sich oft von selbst, das Befreiende oft nicht."

Wieder schwieg die Angst, doch dieses Mal nicht, weil sie sich in die Enge getrieben fühlte. Sie begann, etwas für sie Wichtiges zu begreifen. Dann hob sie die Augen und schaute in das gütige Gesicht des Herzens. Und einen Augenblick schien es, als spielte ein junger Sonnenstrahl in ihrem grauen Gewand.

Das Herz und die Wut

Aufruhr herrschte in der inneren Welt. Die Wut hatte wieder einmal einen ihrer gefürchteten Ausbrüche. Von ihrem Haus aus bewarf sie die Anwohner mit allem, was sie gerade vorfand. Niemand, der in ihre Nähe kam, war vor ihr sicher.

Die Ursache für diesen neuerlichen Ausbruch war ein Wort der Angst gewesen, das ihr die Empfindlichkeit hinterbracht hatte. Die Angst nämlich hatte vor anderen gesagt, die Wut sei zügellos und frei von jeder Einsicht (womit die Angst in diesem Falle Recht hatte).

Nun war guter Rat teuer. Der Wut musste Einhalt geboten werden. Denn wenn sie mit ihren gewaltsamen Aus-Würfen nicht aufhörte, würde vielleicht die gesamte innere Welt zerstört werden. Da rief jemand aus: „Lasst das Herz kommen! Wer außer ihm wüsste in solchen Lagen Rat?"

Das Herz war über den Auftrag nicht gerade erfreut. Doch weil es wusste, was auf dem Spiel stand, zierte es sich nicht und begab sich auf den Weg zur Wut. Und sofort, als diese den ungebetenen Gast sah, hob sie einen Stein auf und wollte ihm dem Herzen entgegen schleudern. Sie tat es jedoch nicht. Irgendwas hinderte sie daran. Es war nicht das erste Mal, dass die Wut, wenn das Herz ihr nahe war, sich seltsam zu verändern begann.

Das Herz betrat das Haus und sah in das noch immer verzerrte Gesicht der Wut. Langsam, aber festen Schrittes ging es auf sie zu und sagte nur: „Komm mit!" Die Wut folgte dem Herzen, ohne zu wissen, warum sie es tat.

Das Herz führte sie vor einen großen Spiegel, in dem sie ihr eigenes Gesicht erblickte. Sie erstarrte. Lange blieb sie dort stehen. Als sie sich schließlich umdrehte, sah sie in das Gesicht des Herzens.
„Verachtest du mich nicht?", fragte die Wut, als sie sich beide gesetzt hatten. Das Herz schüttelte kaum merklich den Kopf. Es hatte in den Augen der Wut die Traurigkeit gesehen.

Das Herz und die Skepsis

Einst hatte die Skepsis einen besonders guten Tag. Sie war weniger zweifelnd als zu anderen Zeiten. Und gerade an diesem Tag sah sie von Ferne das kleine leuchtende Land, das im Süden der inneren Welt gelegen ist (die Skepsis selbst wohnt im Osten des Landes, das bekannt ist wegen seines Zwielichtes).

Die Skepsis beugte sich weit nach vorn, weil sie nicht glauben konnte, was sie mit eigenen Augen sah. Nie zuvor hatte sie ein Land von solcher Schönheit gesehen.

Da kam ihr ein Gedanke, und auch der war ihr nie zuvor gekommen: Dorthin, zu diesem Lande wollte sie wandern, wollte seine Schönheit aus der Nähe betrachten, und vielleicht... Doch was sie dachte, mochte sie nun doch nicht weiter denken.

Das Herz hatte längst das merkwürdige Gebaren der Skepsis von seinem Haus aus beobachtet und machte sich auf den Weg, um Näheres in Erfahrung zu bringen

(Es ist in der inneren Welt dafür bekannt, dass es immer dann gegenwärtig ist, wenn sich eine innere Person zu verändern beginnt).

„Du siehst so aufgeräumt aus" begann das Herz das Gespräch, „kann es sein, dass dir etwas Besonderes widerfahren ist?"

Die Skepsis, die das Herz nicht sonderlich mochte, entgegnete ausweichend: „Ich sah eine Luftspiegelung. Ganz hübsch sah sie aus. Doch sie ist schon verschwunden."

Das Herz ließ sich von dieser Ausrede nicht beeindrucken und fragte weiter: „Wo? Wo war sie denn?"

Unwillig zeigte die Skepsis mit ihrem dürren rechten Arm in jene Richtung, in der sie noch immer das kleine leuchtende Land erkennen konnte.

„Eine Luftspiegelung nennst du das Grund – Land? Weißt du denn nicht, dass von diesem Land die Wärme kommt, zu mir (das Herz wusste schon, warum es sich zuerst beim Namen nannte), zu uns, und manchmal auch zu dir?"

Die Skepsis fand durch diese gefühlvolle Rede ihre alte Rolle zurück: „Wie willst du mir beweisen, dass das, was da jetzt wieder leuchtet, so ist, wie du es sagst?"

Da wusste das Herz, dass es an diesem Tage bei der Skepsis nichts mehr ausrichten konnte. Es wanderte allein nach Süden. Die Skepsis sah ihr nach, und deshalb sah sie nicht, wie das Gesicht des Herzens immer mehr zu leuchten begann.

Das Herz und der Verstand

Der Verstand hatte sich endlich überwunden. Er hatte sich entschlossen, das Herz aufzusuchen und das Rätsel der berühmten Stimme aufzuklären. Schon zu oft hatte er sich darüber geärgert, wenn zum Beispiel die Weisheit oder die Freude sagten, man müsse in wichtigen Dingen des Lebens auf die „Stimme des Herzens" hören. Es war dem Verstand nicht verborgen geblieben, dass sein Rat von den genannten Personen und auch anderen weniger Wertschätzung erfuhr als der des Herzens.

Schon als er das Haus sah, erkannte er, dass das Herz nicht jene Strenge aufweisen konnte wie er selbst. Das Haus war anders als jedes andere der inneren Welt, so dass dem Verstand kein Name dafür einfiel. Die Leichtigkeit hätte vermutlich gesagt, es wirke warm und weit, doch diese albernen Begriffe wären dem Verstand nie in den Sinn gekommen.

Das Herz kam dem Gast entgegen und äußerte Freude über den Besuch. Der Verstand war durch diese nicht erwartete Begrüßung ein wenig verwirrt und murmelte eine höfliche Floskel.

Da standen sie nun beieinander, diese ungleichen Personen, und beide ahnten, dass diese Begegnung nicht leicht werden würde.

Das Herz geleitete den Verstand in seinen vornehmsten Raum und half ihm mit einigen Erklärungen zur Beschaffenheit des Hauses über seine Verlegenheit hinweg.

Er kam rasch „zur Sache", wie er zu sagen pflegte: „Ich möchte wissen, was 'die Stimme des Herzens' ist, was sie bedeutet und wie sie zu erklären ist."

Das Herz erschrak. Auf solche Fragen war es nicht eingestellt gewesen. Es ließ sich daher Zeit für eine Antwort, denn es lag ihm daran, keine unbesonnene Bemerkung zu machen. Es wollte zu dem Verstand ein gutes Verhältnis gewinnen.

„Ich fürchte, mein Lieber", antwortete es deshalb vorsichtig, „ich werde dir auf diese intelligente Frage keine dir gemäße Antwort geben können."

Der Verstand war durch die Anrede und auch die Antwort nicht nur irritiert, sondern auch verärgert. Wie konnte man am Beginn einer Diskussion deren Ende bereits vorweg nehmen?

Das Herz erkannte seine Ungeschicklichkeit und versuchte einen anderen Einstieg: „Sag, warum möchtest du wissen, was meine Stimme ist, was sie bedeutet und wie sie zu erklären ist?"

Mit dieser Frage nun hatte der Verstand nicht gerechnet. Er hielt sie zwar nicht für einen sachlichen Beitrag und suchte deshalb auch nicht nach einer Antwort. Und doch hatte ihm die Reaktion des Herzens, wenn auch widerwillig, einen gewissen Respekt abgenötigt. Er begann zu begreifen, dass das Herz anders dachte als er selbst.

Wie aber dachte das Herz?

Er fand den Mut, danach zu fragen.

Das Herz brauchte lange, ehe es auf die Frage antworten konnte. Dann sagte es: „Ich lausche auf die Stimmen der Liebe und der Wahrheit, und manchmal, wenn es ganz still ist, sprechen sie zu mir. Was ich dann höre, gebe ich dem weiter, der es hören will."

Der Verstand schwieg. Er verabschiedete sich mit Achtung vor dem Herzen – und wusste, dass er wiederkommen würde.

Das Herz und der Humor

Immer, wenn auf den Versammlungen der inneren Welt (sie finden nach Meinung des Herzens und des Humors viel zu häufig statt) die Gespräche wieder einmal schwierig oder gar ausweglos erscheinen, sehen sich die beiden häufig an und treiben miteinander ein wortloses, aber beredtes Spiel. Da dieses stumme Wortspiel im Laufe der Jahre nicht unentdeckt geblieben ist, hat sich unter den anderen Bewohnern der Eindruck festgesetzt, die beiden nähmen vieles von dem, was mit großem Ernst gesprochen wird, nicht ganz ernst.

Dieser Eindruck trügt nicht. Denn wenn das Herz und der Humor in der Pause ein wenig abseits stehen, fragt jedes Mal das Herz den Humor: „Sag, was hat dich eben so erheitert?"

Und der Gefragte antwortet, wobei sein ganzes Gesicht hell aufstrahlt: „Verzeih mir, doch das Lachen kommt mir häufig, wenn Unwichtiges zu wichtig wird."

Dann fragt der Humor das Herz: „Und du? Was hat dich eben so erfreut?" Und das Herz antwortet jedes Mal wieder, als ob es diese Antwort nicht häufig genug geben könnte: „Über dich, mein Freund, über dich – und deine Liebe zum Leben."

Das Herz und die Verzagtheit

Das Herz hatte die Verzagtheit zu sich eingeladen. Nur zögerlich war sie seinem Wunsche gefolgt, denn sie ahnte, dass das Herz ihr etwas sagen wollte, was vielleicht ihr Leben verändern würde.

Das Herz empfing sie freundlich, verzichtete jedoch auf die üblichen Artigkeiten. Es führte sie in einen der hinteren Räume, zu dem nur solche Gäste Zutritt haben, denen es besonders gewogen ist.

Das Herz interessierte sich für alles, worüber der Gast sprach, vermied jedoch, irgendwelche Rat-Schläge zu geben. Das gefiel der Verzagtheit wohl, so dass sie im Laufe des Abends beschloss, dem Herzen eine für sie höchst ungewöhnliche Frage zu stellen.

Schon bei dem Gedanken allerdings überzog ein feines Rot ihr sonst eher bleiches Gesicht. Doch weil sie ahnte, dass sie in der Gegenwart des Herzens mehr wagen konnte als an irgendeinem anderen Ort, richtete sie sich auf und sagte: „Was, verehrtes Herz, muss ich tun, damit ich so werde wie du?"

Dem Herzen waren die meisten Formen der Verehrung unangenehm. Schon manches Mal hatte es fast brüsk „Verehrer" zurückgewiesen. Doch jetzt lächelte es und sagte nach einigem Nachdenken: „Du bist doch du. Du bist so, wie du bist. Und du gehörst zu unserer inneren Welt wie ich und all die anderen. Warum also solltest du so sein wie ich?"

„Ja, aber" entgegnete die Verzagtheit, durch die Rede bereits ein wenig entmutigt, „ich mache den anderen immer wieder Unannehmlichkeiten."

„Gewiss" antwortete das Herz ehrlich, „das mag schon sein, doch bedenkst du das eine nicht: Häufig bin ich nur deshalb stark, weil du mich brauchst. Häufig bin ich nur deshalb warm, weil ich Kälte spüre, die dich umgibt. Ich brauche dich, wie du mich brauchst."

Es wurde still im hinteren Raum, denn die Verzagtheit war damit beschäftigt, diesen höchst erstaunlichen Sachverhalt auf sich wirken zu lassen. Und auch das Herz hatte, ausgelöst durch die Frage der Verzagtheit, etwas ganz Wichtiges neu verstanden.

Woher dem Herzen die Weisheit kommt

An einem Abend, in sehr vertrauter Runde, fragte die Klugheit das Herz, woher ihm seine Weisheit komme. Diese Frage war ihm schon lange nicht mehr gestellt worden. Der Verstand war der letzte gewesen, der das Herz danach gefragt hatte, doch hatte es ihm nicht antworten können.

Der Klugheit war das Herz wohlgesonnen, und deshalb mühte es sich redlich, um sie nicht zu enttäuschen. Jedoch, so sehr es auch nach Worten suchte - ihm fiel nichts ein, was es als Antwort auf diese schwere Frage fühlte.

Da hellte sich das Gesicht des Herzens plötzlich auf. Es nahm die Klugheit bei der Hand und führte sie aus der Stadt heraus. Sie gingen über freie Felder, durch dichte Wälder und über hohe Berge. Die

Wege, die das Herz mit der Klugheit ging, waren wunderschön, doch blieb es an keinem Orte stehen. Die Klugheit fragte nicht, sie sprach auch nicht. Sie ahnte, dass das Herz ihm einen ganz besonderen Ort zeigen würde.

Nach langer Zeit – beide standen wieder auf dem Gipfel eines Berges – reckte das Herz den Arm weit aus und zeigte auf einen breiten Strom, dessen klare Wasser das rote Gold der Abendsonne widerspiegelten.

Die Klugheit sah auch die schmale Brükke, die das eine Ufer mit dem anderen verband. Wieder fasste das Herz seine Begleiterin bei der Hand und führte sie auf deren Mitte.

„Wo sind wir?" fragte die Klugheit.

„Am Ort, der 'Zwischen den Welten' heißt", entgegnete das Herz.

„Zwischen den Welten?", fragte die Klugheit zurück, als hätte sie die Worte nicht verstanden.

„Ja", sagte das Herz, „hier auf der Brücke
ist der Ort zwischen unserer eigenen kleinen Welt, die wir begreifen können, und
jener großen Welt, die für uns unbegreif-
lich ist."

„Und an diesem Ort findest du die Weisheit?"

„Wenn du ganz still bist", antwortete das
Herz, „und in diese Wasser lauschst, die
beide Welten verbindet, dann hörst du sie,
die Worte der Weisheit, die niemand von
uns sich selber sagen kann."

Beide schwiegen und schauten in die Fluten. Tiefe Stille lag über der Brücke. Nur
die Fluten ließen sich hören. So verging
die Zeit, bis irgendwann aus den Wassern
die Worte der Weisheit perlten – mitten
hinein in die Herzen der beiden. Und
einen Augenblick schien es, als wären sie
zu einer Einheit verschmolzen.

GESPRÄCHE DER LIEBE

Nichts ersehnen wir uns mehr als die Liebe. Deshalb beglückt uns nichts mehr als ein Mensch, der sie uns schenkt.
Nichts befreit uns mehr als die Liebe. Deshalb beglückt uns nichts mehr als das Gefühl, wenn wir sie einem anderen schenken.
Es gibt überhaupt nichts Wichtigeres im Leben als die Liebe. Das wissen auch die Bewohner der inneren Welt. Deshalb nehmen sie auch jede Gelegenheit wahr, um sich von ihr auswärmen zu lassen und zu „studieren", wie sie mit dem großen bunten Leben umgeht.

Das Rätsel der Liebe

Keine Person der inneren Welt gibt den anderen Bewohnern so viele Rätsel auf wie die Liebe. Ihr Wesen ist ihnen fremd, fremd auch, was sie tut, was sie wagt, wie sie lebt.

Ihr selbst ist das Rätselraten um ihre Person eher unangenehm. Ginge es nach ihr, so wäre sie einfach nur da.

Natürlich haben die klügsten Geister der inneren Welt schon lange nach tiefsinnigen Worten gesucht, mit denen sie die Liebe beschreiben wollten. Doch weil die Bewohner der inneren Welt ehrlich sind, gestanden sie sich ein, dass sie die richtigen Worte nicht finden konnten.

Sie hatten auch Scheu, die Liebe selbst zu befragen, vielleicht, weil sie fürchteten, ihre Sprache nicht wirklich verstehen zu können, vielleicht auch, weil sie sie nicht verletzen wollten. Denn es schien, als zöge sich ein unsichtbarer Kreis um sie herum, den niemand ohne ihre Erlaubnis betreten dürfte. Da es aber allen Bewohnern von Anfang an darum ging, immer mehr eins zu werden, fanden sie mit ihren Fragen keine Ruhe.

Da kam der Phantasie eine Idee. „Wie wäre es", begann sie das Gespräch in vertrauter Runde (zugegen waren außer ihr das Herz, die Freude und die Weisheit), „wenn wir das Kind bäten, zur Liebe zu gehen und ihr unsere Frage vorzutragen?" Die Freude jubelte auf und rieb sich genussvoll die Hände, das Herz verströmte noch mehr Wärme als sonst, nur die Weisheit schien den Vorschlag länger bedenken zu müssen. Doch dann zeigte auch sie sich ungewöhnlich aufgeräumt und gab ihre Zustimmung.

Am nächsten Morgen bat das Herz das Kind, sich auf den Weg zu machen und die Liebe zu fragen, wer sie sei, woher sie komme und worum es ihr gehe. Das Kind sprach dreimal die Frage nach und freute sich über den Auftrag. Es hatte allerdings keinen der Sätze verstanden und zeigte auch keinerlei Bedürfnis, sie verstehen zu wollen.

Schon von Ferne sah das Kind, dass die Liebe ihm entgegen kam. Als sie sich erreicht hatten, beugte sie sich nieder und küsste zart die kleine Stirn. Beide schauten sich strahlend an.

Die Liebe nahm das Kind bei der Hand, führte es durch den großen Garten, zeigte ihm die schönsten Pflanzen und schließlich auch den „Strom des Lebens", den sie nur jenen zeigte, denen sie sich nahe fühlte. Dann durfte es das Haus von innen sehen.

Mit offenem Mund wanderte es durch die einzelnen Räume. Die Liebe ließ es gehen, wohin es wollte. Beide konnten sich kaum satt sehen: Das Kind nicht an der Schönheit des Hauses und die Liebe nicht an den Augen des Kindes.

Die Phantasie und ihre Freunde hatten schon lange und ungeduldig auf die Rückkehr des Kindes gewartet. Und als sie es endlich sahen, wussten sie sogleich, was geschehen war...

Das Kind erzählte von seinem Besuch, vergaß auch die Grüße der Liebe nicht. Doch als die Freude, die am ungeduldigsten gewartet hatte, sich behutsam, doch gegen besseres Wissen nach Antworten der Liebe erkundigte, sahen alle nur auf einen staunenden Kindermund.

Der Tanz der Liebe

Einmal im Jahr, wenn der Sommer vor lauter Lust am Leben nur kurze Nächte braucht, lädt die Liebe zum „Ball der großen Freude ein". Alle Bewohner der inneren Welt sind eingeladen, und fast alle kommen.
Der erste Gast ist jedes Mal die Lust, und bald darauf erscheint die Freiheit. Beide kommen früher als verabredet, da sie den Beginn des Festes kaum erwarten können. Die anderen halten sich – in der Regel – an die angekündigte Zeit.
Alle tragen ihre Festgewänder: Die Lust zum Beispiel trägt ein Kleid mit tausend bunten Farben, die Freiheit erscheint ganz in Weiß. Die Gastgeberin ist in ein schlichtes samtrotes Gewand gehüllt, das jedes Mal wieder alle Gäste tief beeindruckt.
Die Musiker reisen aus dem „Kleinen leuchtenden Grund-Land" an. Und wenn sie spielen – und das tun sie fast die ganze Nacht –, singen und tanzen die Gäste des Balles und freuen sich bis zum hellen Morgen.

Nur das letzte Mal war das Fest ganz anders. Zwar waren fast alle geladenen Gäste gekommen, doch wollte keine rechte Stimmung aufkommen. Den Grund dafür erkannte die Liebe recht bald.

Der Neid, der nicht geladen war, hatte sich unter die Feiernden gemischt. Er sprach mit einigen, und so, dass nur die Angesprochenen hörten, was er sagte. Die Liebe jedoch mit ihrem feinen Gehör fing das eine oder andere Wort auf. Was sie befürchtet hatte, traf zu: der Neid hetzte einzelne Gäste gegeneinander auf, indem er sie auf die „bemerkenswerten Vorzüge" der anderen aufmerksam machte. Man kann sich jetzt vorstellen, warum der „Ball der großen Freude" zu scheitern drohte.

Da ging die Liebe hin zum Neid. Und was dann geschah, wird wohl noch lange die Gemüter der anwesenden Gäste beschäftigen. Sie legte ihren Arm um den ungebetenen Gast und sagte nur: „Verzeih mir, dass ich dich nicht eingeladen hatte. Darf ich dich trotzdem um den nächsten Tanz bitten?"
Die beiden tanzten zunächst allein auf dem glänzenden Parkett. Die anderen

waren zu verblüfft, als dass sie gleich
hätten mittanzen können. Dann sahen sie
die auffordernden Blicke der Musiker aus
dem „Kleinen leuchtenden Grund-Land" –
und verstanden.

Kürzlich sagte der Neid, an jenem Abend
habe er sein Wesen verloren.

Der Freund der Liebe

Die Liebe hat einen Freund. Selbst die Bewohner der inneren Welt wundern sich über diese Freundschaft. Niemand weiß, wie lange sie schon besteht. Die Weisheit nimmt allerdings an, dass sie fast so alt ist wie das Leben selbst. Sie vermutet sogar, dass die beiden miteinander verwandt sind...
Die Liebe sieht den Freund nicht oft. Und wenn sie ihn sieht, dann immer nur für kurze Zeit. Dass das so ist, liegt daran, dass die beiden zwar miteinander befreundet oder gar verwandt sind, doch ganz verschiedene Aufgaben haben.

Einst gingen beide auf getrennten Wegen zum Marktplatz. Schon von weitem sahen sie eine Gruppe von Mitbewohnern, die auf einen anderen Bewohner einredeten und ihn in die Enge trieben. Bei dem Bedrängten handelte es sich offensichtlich – wieder einmal – um die Schwachheit.
Der Freund der Liebe – ja, es ist vom Zorn die Rede – beschleunigte seine Schritte und erreichte die Gruppe rascher als sie.

Die Liebe brauchte wie üblich längere Zeit
für Wege solcher Art.

Nun standen sie nebeneinander und hörten sich an, was die anderen der Schwachheit vorzuwerfen hatten. Offensichtlich hatte sie wieder einmal in einer Angelegenheit versagt, in der man nach Meinung der anderen einfach nicht versagen darf.

Die Liebe fühlte sich wie eingeschnürt. Wie nur war diesem armen Wesen zu helfen? Da sah sie die blitzenden Augen des Zorns. Und ehe sie sich's versah, ergriff er ihre Hand und bahnte sich selbst und ihr den Weg zu der Bedrängten.

Die anderen waren, wann immer sie die Liebe und den Zorn gemeinsam sahen, nicht frei von Beunruhigung. Der Zorn erkannte jedoch alsbald, dass es den Unterdrückern wieder einmal nur darum ging, sich auf Kosten eines Schwächeren aufzuspielen. Und er sagte seine Meinung laut und verständlich.

Während der Rede des Zorns hatte die Liebe ihren Arm um die Schulter der Schwachheit gelegt und sah sie mitfühlend an. Nur der Zorn hörte die leisen

Worte, die die Liebe ihr zuflüsterte: „Wenn ich du wäre, würde ich nachher darüber nachdenken, ob die anderen nur im Unrecht sind."
Einen Augenblick blitzte der Zorn nun auch die Liebe an, doch hatte dieser Blitz eine besondere Farbe.

Die verletzte Liebe

An den Feiertagen promenieren die Bewohner der inneren Welt auf dem Marktplatz und führen anregende Gespräche. Bei solchen Anlässen unterhält sich die Liebe besonders gern mit der Weisheit. Schon manches Rätsel haben sie miteinander gelöst.

An einem dieser Tage wirkte die Weisheit noch nachdenklicher als sonst. Die Liebe sah es, stellte jedoch keine Frage.
„Die Menschen", begann nach einer Weile die Weisheit das Gespräch, „wollen dich so gern erfahren, wie man heute so sagt. Vielen jedoch begegnest du nicht. Woran liegt das?"
Die Liebe, die schon lange diese Frage von der Weisheit erwartet hatte, antwortete: „Begegne ich den Menschen nicht – oder begegnen die Menschen mir nicht?"
Die Weisheit, die wohl wusste, dass die Liebe bei einem so ernsten Thema niemals mit der Sprache spielte, schwieg eine Weile. Dann sagte sie: „Meinst du, es läge an den Menschen, dass sie dich nicht fin-

den?“
„Sie wollen“, fuhr die Liebe unbeirrt fort, „mich erleben und erfahren, wollen mich haben und genießen. Doch dass ich auch dann ein Herz ausfüllen und auswärmen kann, wenn sich ein Mensch an *andere* verschenkt, begreifen viele offenbar nicht.“
„Ja, das meine ich“, entgegnete die Liebe und wirkte ein wenig verletzt. „Es ist nur“ - sie suchte nach Worten, um sagen zu können, was sie sagen wollte - „es ist nur so, dass viele mich nur halb wollen und mich deshalb nicht finden.“
„Sie wollen dich nur halb?“, fragte die Weisheit erschrocken zurück. „Das hieße ja, dass sie dich gar nicht wollen.“

Die Weisheit war tief erschüttert. So hatte die Liebe noch nie mit ihr gesprochen. Wie tief musste das Leiden dieser verehrten Bewohnerin der inneren Welt sein!
Doch bevor sich die Weisheit weiteren Überlegungen dieser Art hingeben konnte, ergriff die Liebe noch einmal das Wort: „Ich bin nicht teilbar“, fuhr sie fort. „Wer mich empfängt, fühlt mich ganz, und wer mich verschenkt, fühlt mich ganz.“
„Doch weiß denn ein Mensch, der dich noch nie erlebt hat, wer du bist und was

du von ihm möchtest ?"

Man sah, dass es der Weisheit wirklich darum ging, in dieser wichtigen Frage endlich Klarheit zu erlangen. Die Liebe sah die Weisheit so an, wie sie sie noch nie angesehen hatte und sprach: „Wer mich sucht, kann mich auch finden, denn ich gehöre zum Menschen, wie der Atem zu ihm gehört. Alles, was lebt, fragt ihn nach seiner Liebe: die Steine und die Pflanzen, die Tiere und die Wolken, die Huren und die Könige. Alles, was lebt, fordert ihn dazu heraus, mich, die Liebe, zu befreien und zu leben."

Die Weisheit wagte nicht, eine weitere Frage zu stellen. Zu tief war sie von dem bewegt, was sie soeben erlebt hatte, denn sie hatte der Liebe mitten ins Herz gesehen.

Die Liebe und die Melancholie

An einem herrlichen Frühlingsmorgen traf die Liebe die Melancholie, die trotz aller Pracht der Welt ihr vornehmes schwarzes Kleid trug.

Die Liebe mochte die Melancholie. Sie mochte ihr feingeschnittenes Gesicht und ihre dunklen Augen, die viel vom Leben, vor allem von dessen dunkler Seite wussten.

Heute aber mochte die Liebe keine tieferen Gespräche mit ihr führen, denn heute war sie nur auf Leben eingestellt. Sie genoss das neue Licht, die ersten Vogelstimmen und den kernigen Duft, der von den Feldern aufstieg.

Die Melancholie sah, hörte und roch diese Boten des Frühlings auch, doch waren gerade diese für sie der Anlass, noch trauriger als sonst zu sein. Es war ihr ein Bedürfnis, über dieses Gefühl mit der Liebe zu sprechen. Die Liebe ließ sich nur widerstrebend auf das Gespräch ein. Doch als sie die traurigen Augen sah, fiel es ihr nicht mehr so schwer, sich innerlich umzustellen.

„Warum macht dich gerade diese Herrlichkeit so traurig?“, fragte sie.
„Weil ich ahne, dass sie vergänglich ist“,
entgegnete die Melancholie.
„Du siehst auf das Vergängliche, wenn
das Gegenwärtige dich beglücken will?“,
wandte die Liebe ein.
„Gerade weil das Gegenwärtige so be-
glückend ist, erscheint mir das Vergängliche so bedrohlich“, entgegnete die Melancholie.

Die Liebe wollte rasch eine Wende des Gesprächs. Das war sie dem Frühling und
seiner Herrlichkeit schuldig. Und deshalb
sprach sie sogleich über das, was ihr als
das Wichtigste erschien: „Weder das Ver-
gangene noch das Zukünftige ist der 'Ort',
an dem das Leben stattfindet. Dieser 'Ort'
ist einzig und allein die Gegenwart.“
Die Liebe ließ diesen Satz wirken, ehe sie
fort fuhr: „Das Geheimnis aber des gegen-
wärtigen Lebens ist dieses: Die Gegenwart
schenkt uns Zeit, schenkt uns in einem
Augenblick die ganze Ewigkeit, wenn wir
mit ausgebreiteten Armen aufnehmen,
was sie uns an Ort und Stelle geben will.

Und das gilt vor allem für das, was so liebenswert ist wie dieser Tag."

Man sah, dass die Liebe kein Wort mehr zu diesem Thema sagen wollte. Sie hatte ihren Blick schon wieder der Sonne zugewandt.
Auch die Melancholie schwieg. Nach einiger Zeit bemerkte sie – sie gestand es sich allerdings ungern ein – dass sie sich anders fühlte. Und während sie weiterging, war ihr, als sängen sogar die Vögel für sie.

Die Liebe und die Hilflosigkeit

Zu den schwächsten und deshalb nicht sonderlich geschätzten Bewohnern der inneren Welt gehört die Hilflosigkeit. Vor allem die Freiheit, der Mut und der Zorn meiden ihre Nähe. Sie haben sie manchmal in Verdacht, dass sie nicht so hilflos ist, wie sie sich gibt, und die Klugheit äußerte einmal, dieser Eindruck sei nicht von der Hand zu weisen.

„Mag sein", sagte die Liebe, als sie von dieser Annahme hörte, „trotzdem tut sie mir Leid, schon deshalb, weil sie unter uns einen schweren Stand hat."

„Dann soll sie etwas dagegen tun", empörte sich der Zorn, „niemandem von uns wird das Glück in den Schoß gelegt."

Die Liebe sah den Zorn fast belustigt an. Sie mochte ihn, denn er stritt gern für die Gerechtigkeit, und auch diese war der Liebe sympathisch. Dem Zorn fehlte nur, hin und wider jedenfalls, ein gewisses Maß an Einfühlungsvermögen. Deshalb fiel es ihm nicht leicht, auch der Hilflosigkeit gerecht zu werden.

„Hast du sie dir einmal angesehen?",
fragte ihn die Liebe, „ich meine, hast du
dir ihre Augen angesehen?" Wenn die
Liebe solche Worte sagte, geriet der Zorn
stets in Verlegenheit, denn das Weiche
war nicht seine Stärke. „Nein, ich habe
mir ihre Augen nicht angesehen", sagte er
deshalb mit einem Anflug von Trotz,
„wozu auch hätte ich das tun sollen?"
„Um zu verstehen, warum sie so ist, wie
sie ist", entgegnete die Liebe streng.
„Hättest du nämlich hingesehen, dann
wäre selbst dir ihre Traurigkeit nicht verborgen geblieben."
„Hat denn nicht jeder von uns seine Traurigkeit, mit der er fertig werden muss?"
begehrte der Zorn noch einmal auf.
„Schon", antwortete die Liebe, „bei dem
einen, bei dir zum Beispiel, fließt sie rasch
wieder ab, bei dem anderen aber verdich-
ten sich manchmal die Tränen zu Eis und
umschließen das Herz."

Der Zorn gab den Disput mit der Liebe
auf. Wahrscheinlich hatte sie wieder einmal gründlicher als er nachgedacht. Er
verabschiedete sich und ging seines Weges. Und als er an dem verloren wirkenden Haus der Hilflosigkeit vorbei kam,

erwiderte er zum ersten Mal ihren be-
scheidenen Gruß.

Die Antwort der Liebe

Auf einer Sonderversammlung der inneren Welt stand nur ein Punkt auf der Tagesordnung. Er lautete: „Warum nimmt uns die äußere Welt so wenig ernst?" (Wenn die Bewohner der inneren Welt von der äußeren sprechen, meinen sie jene Welt, deren Herr der Verstand ist. Manche sprechen auch einfach nur vom „Kopf").
Der Grund für die Bemühung war das Mitgefühl der Bewohner mit der „äußeren Welt". Es jammerte sie, dass der Reichtum ihrer Kräfte so wenig genutzt wurde. Wie gut würde sich der Mensch fühlen, was alles könnte er tun, wenn beide Welten sich viel mehr als bisher aufeinander einstimmten!
Viele Gründe wurden genannt, doch keiner schien das Rätsel zu lösen.

Es fiel auf, dass die Liebe zu allem nichts gesagt hatte. Doch jeder sah, wie sie um eine Antwort rang. Da erhob sich der Zorn und fragte sie herausfordernd:
„Du hast also keine Antwort auf unsere Frage?"

„Nein“, sagte die Liebe mit ungewohnt leiser Stimme, „jedenfalls keine, die den Verstand befriedigen würde.“
„Nun sag schon, was du denkst“, forderte der Zorn sie erneut heraus.
„Ich glaube“, begann sie wieder, „dass der Verstand Angst vor uns hat.“
„Angst?“, riefen die meisten überrascht, „Angst vor uns?“
„Ja, Angst.“

Man merkte der Liebe an, dass sie ihrer Antwort immer sicherer wurde. „Er hat Angst vor uns, weil er uns nicht kennt. Und weil er uns nicht kennt, kann er uns nicht lieben. Und weil er uns nicht liebt, fragt er auch nicht nach uns.“
Es dauerte lange, ehe jemand wieder ein Wort fand. Schließlich fragte der Zorn: „Was also sollen wir tun?“. Die Liebe schaute nacheinander jeden einzelnen an und sagte: „Wenn wir lebendig bleiben, werden *wir* – eines fernen Tages – den Weg zur äußeren Welt finden.“

Der besondere Raum der Liebe

Im Hause der Liebe gibt es einen Raum, den nur wenige Bewohner der inneren Welt gesehen haben. Er liegt im unteren Teil des Hauses und ist nicht besonders ausgestattet.
Wenn die Liebe bei ihren seltenen Führungen durch ihr Haus die Besucher nicht jedes Mal um Stille bäte, wenn sie diesen Raum betreten, wäre er wohl in Vergessenheit geraten.

Vielleicht mochte die Liebe ihr Geheimnis irgendwann nicht mehr allein bewahren, vielleicht auch fand sie ihr Schweigen einigen Mitbewohnern gegenüber ein wenig vertrauenslos. Jedenfalls nahm sie einmal das Vertrauen, das mit besonderer Aufmerksamkeit durch den unscheinbar wirkenden Raum gegangen war, beiseite und sagte: „Du erinnerst dich an die alte Truhe, die an der hinteren Seite des Raumes steht?"
Das Vertrauen nickte. „In dieser Truhe", fuhr die Liebe fort, „habe ich die vielen unerfüllten guten Sehnsüchte der

Menschen aufbewahrt. Manchmal öffne ich sie, schaue mir die eine oder andere Sehnsucht längere Zeit an und denke dabei an die Menschen, für die sie sich nie erfüllten. Es kann ja sein, dass auf diese Weise die Wunden ein wenig heilen."

Das Vertrauen war tief bewegt. Es dauerte eine Weile, ehe es seine Worte wieder fand. Nach einiger Zeit sagte es nur: „Dann sah ich noch einen größeren Schrank." Die Liebe suchte nun ihrerseits nach rechten Worte. Dann sprach sie: „In diesem Schrank liegen die vielen unverbrauchten Lebensmöglichkeiten der Menschen. Manchmal öffne ich ihn, berühre die eine oder andere Kostbarkeit und schicke meine Wünsche zu dem, der sie noch nicht kennt. Es kann ja sein, dass auf diese Weise der Mensch danach zu suchen beginnt."

Wieder war das Vertrauen tief bewegt. Es umarmte die Liebe und machte sich auf den Heimweg. Und auf dem Wege träumte es von vielen geheilten Wunden und vielen gefundenen Perlen.

GESPRÄCHE DES MUTES

Wer mit Betonung das Wort „Mut" ausspricht und dabei die Hand auf die Mitte seines Leibes legt, erfährt, dass der Mut in der Tiefe geboren wird. Er ist in der Tat einer der besonderen Bewohner der inneren Welt.
Der Mut hat große Lust zum Leben. Doch seine Gegner – dazu gehören vor allem die Angst und die Niedergeschlagenheit – tun manches, um ihn an der Entfaltung seiner Kräfte zu hindern. Das muss nicht sein. Wer ihn nämlich näher kennen lernt, beginnt ihn zu lieben. Und wer den Mut liebt, wird auch darauf achten, dass er zum Leben vordringen kann.

Die Wanderung zum großen Strom

Der Mut hatte sich mit der Angst zu einer Wanderung zum „Strom des Lebens" verabredet. Er liegt am Rande der inneren Welt. Von Alters her wissen deren Bewohner, dass nur der zum wirklichen Leben kommt, der diesen Strom immer wieder aufsucht und in ihn eintaucht.

Die Angst hatte sich schon häufig gegen diese Verabredung gesträubt. Ihre Argumente gegen eine solche Wanderung schienen eben so vielfältig zu sein wie die des Mutes, die für einen Besuch seines geliebten Stromes sprachen. Irgendwann hatte er sie bei ihrem grauen Ärmel gepackt und sie auf den Weg gebracht.

Später dankte sie ihm dafür, dass er ihr Zögern nicht länger respektiert hatte. Auf dem Wege jedoch hatte sie immer wieder mit ihm zu handeln versucht: Zweifellos wäre es günstiger für sie, wenn sie sich den Strom zunächst einmal aus der Ferne ansähe. Sie fände persönlich einen leichteren Zugang zum Wasser, wenn sie das erste Mal ihn, den Mut, bei seinem Eintauchen ins Wasser beobachtete. Wahrscheinlich wäre es gar nicht ratsam, wenn sie schon jetzt der Großen Brücke über den Strom des Lebens ihre Aufwartung machte. Hätte der Mut nicht die Geduld gebeten, ihnen unauffällig zu folgen – er hätte zweifelsfrei die Angst nach der Hälfte des Weges zurück geschickt.

Dann lag der große Strom vor ihnen. Seine Wasser glichen fließendem Silber, seine Ufer den Gestaden der Ewigkeit (so hatte das Herz sie einmal genannt). Über der Stromlandschaft breitete sich in einem unvergleichlichen Blau der Himmel aus, von dessen Mitte die Sonne Millionen von Strahlen auf die Bahn schickte.

Die Angst sagte kein Wort. Überwältigend schön war dieser Anblick. Der Mut sah sie unbemerkt von der Seite an. Er wusste, was für sie auf dem Spiele stand: Das geringste Wort hätte das Netz des Vertrauens, das sich in ihr zu entwickeln begann, wieder zerstören können. Er ließ sie nur schauen, nur schauen – und schwieg.

Nach langer Zeit legte er langsam die Kleider ab, ging über den weichen Blumen-

teppich zum Wasser und tauchte mehrere
Male darin unter. Dann blieb er still im
Wasser stehen. Freundlich schaute er zur
Angst herüber. Ein Zeichen gab er ihr
nicht. Auch sie schaute ihn freundlich an.
Unverwandt sah sie auf sein glückliches
Gesicht. Dann schließlich, nach scheinbar
endloser Zeit, ließ auch sie ihr Gewand
fallen und folgte ihm wortlos in den
Strom. Sie tauchte unter, tauchte immer
wieder unter. Dann nahm sie seine Hand
und ging mit ihm ans Ufer zurück. Wort-
los wanderten sie, Hand in Hand, nach
Hause.

Nicht lange nach diesem Tag erschien die
Angst, die sich am Abend jenes Tages
einen neuen Namen gegeben hatte, im
Hause des Mutes und sagte lächelnd: "Du
weißt doch, die Große Brücke – wir sollten
nicht länger auf uns warten lassen."

Die unverbrannte Erde

Einige Male im Jahr macht sich der Mut auf den Weg zum Haus der Verzweiflung. Sie wohnt am anderen Ende der inneren Welt. Die einen sagen, sie seien wie Feuer und Wasser, die anderen meinen, sie seien einander verwandt. Als man die Weisheit nach ihrer Ansicht fragte, antwortete sie, beide Meinungen träfen durchaus zu.

Im letzten Jahr ereignete sich das Folgende: Der Mut hatte sich wieder einmal auf den Weg gemacht, obwohl er nicht so recht wusste, warum er gerade heute die Verzweiflung besuchen wollte. Es war eher eine Ahnung gewesen, die ihn zu der Wanderung veranlasst hatte.
Schon von weitem sah er über dem Haus der Verzweiflung einen hellen, flackernden Schein. Er beschleunigte seine Schritte. Dann sah er es: Das Haus brannte lichterloh. So rasch er konnte, lief er dem Unglückshaus entgegen und erkannte bald, dass das Haus nicht mehr zu retten war.

Unweit des Gartentors hockte die in ein

tief-schwarzes Gewand gehüllte Gestalt
der Verzweiflung. Sie tat ihm Leid. Behutsam richtete er sie wieder auf und nahm
sie in seine kraftvollen Arme. Sie ließ es
geschehen. Beide schwiegen. Auch der
Mut hatte seine Sprache verloren. Sie
schwiegen so lange, bis das Feuer ver-
loschen war und die Abendkälte vom Boden herauf zu ziehen begann.

Dann sah der Mut die Verzweiflung an
und fragte: "Sag, hast du alles verloren?"
Sie nickte und weinte still in sich hinein.
„Hast du auch das Beste verloren?", ließ
er sich wieder vernehmen. Sie verstand
ihn nicht sogleich und fragte deshalb zurück: "Das Beste?"
„Das Beste!", antwortete er mit fester
Stimme. Und wieder weinte sie. Und sie
weinte so lange, bis sie sich auch von der
letzten Träne befreit hatte.
Nach scheinbar endloser Zeit richtete sie
sich auf, legte ihre Hand in seine und
sagte – mit einem Anflug des Lächelns:
„Nein, das Beste hab ich nicht verloren."
Beide sahen auf den verbrannten Ort –
und erkannten darunter die unverbrannte
Erde.

Die scheinbare Herrschaft der Niedergeschlagenheit

Einst herrschte in der inneren Welt die Niedergeschlagenheit. Niemand wusste so recht den Grund dafür. Irgendwann hatte ihre Herrschaft begonnen, wahrscheinlich an dem Tage, an dem die Hoffnung von der Freiheit enttäuscht wurde, doch sicher ist das nicht.

Die Freiheit wagte sich nicht mehr aus dem Haus, die Hoffnung hatte die Vorhänge vor die Fenster gezogen, die Liebe ging nur noch verhüllt durch die Straßen, und auch das Herz trug sichtbar Trauer. Alle Versuche, der Niedergeschlagenheit Einhalt zu gebieten, schienen fehl zu schlagen. Selbst jene beiden Bewohner, auf die in solchen Zeiten am ehesten Verlass war – vom Zorn und vom Mut ist die Rede –, schienen ratlos zu sein. Und wer glaubt, wenigstens die Weisheit hätte einen Ausweg zeigen können, irrt. Denn gegen die Herrschaft der Niedergeschlagenheit hatte auch die alte weise Frau nur wenig vorzubringen.

Da geschah etwas, was jene, die dabei waren, nie vergessen werden: Eines Tages befand sich der Mut auf dem Marktplatz. Er lehnte am Brunnenrand und beobachtete das trostlose Treiben der anderen. Kaum jemand beobachtete ihn, jeder war mit sich selbst beschäftigt. Plötzlich durchfuhr es ihn. Was es genau war, hätte er in diesem Augenblick selbst nicht zu sagen vermocht. Er richtete sich auf, eilte auf die Niedergeschlagenheit zu, die – merkwürdigerweise – selbst gar nicht so unglücklich wirkte, und wirbelte sie im Kreis herum, als wollte er mit ihr tanzen. Dann rief er laut über den Marktplatz hinweg: „Ihr Bürger der inneren Welt, wacht auf! Seht ihr denn nicht, dass über uns jemand herrscht, der uns das Leben nimmt? Doch die, die uns das Leben nimmt, ist gegen das Leben, ist gegen das Glück, ist gegen uns. Macht Revolution! Setzt euch zur Wehr! Lasst euch nicht länger unterdrücken!"

Der Zorn, der diese Worte gehört hatte, begriff am raschesten, worum es ging. Er griff in den weiten schwarzen Umhang der Niedergeschlagenheit und zerrte sie weg vom Marktplatz und hin auf eine Neben-

straße. Dort bäumte er sich so mächtig
vor ihr auf, dass sie floh (das Selbstmitleid, das sich häufig in ihrer Nähe auf-
hielt, zerrte sie mit).

Nachdem sich die Besucher des Markt-
platzes von ihrem Schrecken erholt hatten, brachen sie in großen Jubel aus, um-
armten einander und formierten sich, wie
am Tag des Großen Freudenfestes, zu
einer Polonaise durch die ganze Stadt.
(Es versteht sich von selbst, dass es der
Mut war, der sie anführte.)
Die Bewohner, die sich in ihren Häusern
verkrochen hatten, hörten schon von weitem den fröhlichen Gesang, verließen ihre
verdunkelten Wohnungen und schlossen
sich den anderen an.
Am Abend, als alle sich noch einmal auf
dem Marktplatz zusammen fanden (niemand mochte gern nach Hause gehen),
fragte das Herz, das an diesem Tage nicht
mehr von der Seite des Mutes wich: „Also,
was war es nur, was heute in dich fuhr?“
Der Mut scheute verstohlen zur buntesten
Gestalt der inneren Welt herüber und
sagte ungewohnt leise: „Die pure Lust am
Leben.“

Ein denkwürdiges Gespräch

Auf einer der großen Versammlungen, die Jahr für Jahr Welt stattfinden, gerieten die Bewohner in eine Auseinandersetzung um die Frage, was der Mensch zu tun habe, um endlich gut und gern leben zu können.

Zunächst erhob sich der Zweifel (man erkannte ihn leicht an seiner hageren Gestalt und seiner dünnen Stimme): „Glaubt wirklich einer hier im 'Raum der weiten Höhle' (so nannte man von Alters her den Versammlungsraum der inneren Welt), dass es sich lohnt, sich um eine Antwort auf diese Frage zu bemühen? Haben nicht schon meine Vorfahren mit großem Ernst gefragt, ob es überhaupt möglich sei, auf Erden Glück zu finden?"

Man merkte es dem Herzen an, dass diese Rede ihm missfiel. Es stand auf und sagte, ohne dabei den Zweifel anzusehen: „Wer nur fragt, ob gutes Leben möglich sei und nicht nach gutem Leben *sucht*, wird nur weitere Fragen finden, nicht aber vertiefte Antworten. Meine Meinung ist: Der Mensch könnte gut und gern leben, wenn er unserer verehrten Mitbewohnerin, der Liebe, mehr als bisher Beachtung schenkte."

„Und woher soll der Mensch wissen, dass die Liebe in seinem Innern wohnt?" Es war die Skepsis, die aus der Mitte der Versammlung heraus wieder einmal dem Herzen ins Wort fiel.

Ruhig ordnete das Herz seinen warmroten Umhang und antwortete: „Vielleicht sollten wir unsere verehrte Mitbewohnerin, die Ahnung, bitten, mehr als bisher dem Menschen Signale der Liebe zu senden."

„Verständlicherweise", ließ sich noch einmal die Skepsis hören, „hören die Menschen nur auf das, was sie berechnen können."

„Richtig", rief die Angst mit schriller Stimme. Die ehrwürdige Versammlung hatte sich an die hektischen Einwürfe der Angst schon gewöhnt und auch daran, dass sie nur selten etwas Konstruktives zu sagen wusste.

Der Zorn war im Laufe des Gesprächs immer unruhiger geworden. Nun aber hielt es ihn nicht mehr auf seinem Platz, und seine Augen blitzten, als er das Wort ergriff: „Fest steht, dass der Mensch, dem wir dienen wollen, sich seinerseits kaum unserer Kräfte bedient." Mit allzu eckigen Handbewegungen zeigte er auf verschiedene Bewohner der inneren Welt und rief aus: „Bedient sich der Mensch etwa des Herzens? Oder der Weisheit? Oder des Mutes?"

Da sprang der Mut auf und ließ den Zorn nicht mehr zu Worte kommen. „Er hat recht, der Bruder Zorn, er hat tatsächlich recht! Der Mensch vernachlässigt uns alle, und mich im Besonderen."

„Und warum gerade dich?", wollte der Stolz wissen.

„Weil der Mensch das, was ich für ihn tun kann, nie im Voraus erfährt, immer nur im Nachhinein."

„Und was würdest du für den Menschen tun – wenn er dich ließe?" fragte die Hoffnung, die auf ihre Frage eine starke Antwort erwartete.

Der Mut sah sie freundlich an und entgegnete: „Vor allem das eine: Den Menschen zu uns einladen, ihn mit uns vertraut machen, ihm seine eigenen Quellen zeigen, ihn begreifen lassen, wo er in Wirklichkeit zu Hause ist."

Es war ganz still geworden im 'Raum der weiten Höhle'. Auch der Mut schwieg. Was er gesagt hatte, leuchtete fast allen ein, und trotzdem wurden sie traurig.

Nach langer Zeit sagte der Mut mit einer seltsam weichen Stimme in die Stille hinein: „Ich glaube an die Kraft des Lebens. Ich glaube nicht, dass der Mensch stärker ist als sie."

Und während er das sagte, tauchte die Abendsonne den großen weißen Raum in ein noch nie gesehenes warmes Licht.

Der Mut und das Selbstmitleid

Keinem Bewohner der inneren Welt ist der Mut so wenig gewachsen wie dem Selbstmitleid. Man könnte auch sagen, niemand reize ihn so wie diese traurige Gestalt. Er macht sogar Umwege, um nur nicht dessen Haus sehen zu müssen.

Das Haus des Selbstmitleids ist eine windschiefe Hütte mit einem kleinen Vorgarten, in dem keine Blumen zu wachsen scheinen. An der hoch aufragenden Fahnenstange, die gleich am Gartentor steht, weht ein schmutzig-grauer Wimpel, auf dem bei nähere Hinsehen – merkwürdig genug – ein weinendes Kind erkennbar ist. (Die Verzagtheit, die gleich neben an wohnt und deren Nähe dem Mut auch nicht gerade bekömmlich ist, hat jedenfalls, so äußerte er sich einmal, wenigstens auf den trostlosen Wimpel verzichtet.)
Vor allem aber regen den Mut die Fenster auf, die nicht nur immer geschlossen, sondern auch ständig verdunkelt sind. So hatten bisher die Sonnenstrahlen, von de-

nen es in der inneren Welt viele gibt, noch nie die Gelegenheit, im Haus des Selbstmitleids ihr Spiel zu treiben.

Einmal konnte der Mut nicht umhin, am Haus des Selbstmitleids vorbei zu gehen. (Er wollte ausnahmsweise der Schwäche seine Aufwartung machen). Nicht genug damit, dass er das ihm verhasste Haus aus nächster Nähe ansehen musste – das Selbstmitleid stand an der Fahnenstange und versuchte gerade, den Wimpel noch höher zu ziehen.
Da konnte der Mut nicht anders: Er blieb stehen und fragte: „Sag, warum tust du das? Warum zeigst du aller Welt, dass du dich im Leben nicht zu Hause fühlst?"

Das Selbstmitleid, das den Mut in gleicher Weise fürchtete, wie er es verabscheute, ließ noch tiefer als bisher den Kopf hängen und entgegnete leise: „Wenn du wüsstest, wie ich leide, würdest du mir diese Frage nicht stellen."
Der Mut ließ sich nicht beirren: „Wie leicht machst du es dir! Du beschäftigst dich ausschließlich mit dem, was du nicht hast, nicht aber mit dem, was auf dich wartet."

„Was erwartet mich denn?", fuhr das Selbstmitleid den Mut an und bemerkte selbst gar nicht, wie viel Kraft in seiner Wut verborgen war.
„Was dich im Leben erwartet? Du willst es gar nicht wissen", entgegnete er zornig, „du verlässt ja nie dein Haus, du öffnest dich dem Neuen nicht, du suchst ja nie danach."

Das Selbstmitleid sah den Mut durchdringend an. Wie konnte ein Bewohner der inneren Welt so grausam mit ihm reden! Es verfiel in ein tiefes Grübeln und bemerkte deshalb nicht den Hass, der, aus dem verdorrten Teil des Gartens kommend, sich in ihren Schatten gestellt hatte.
Der Mut stand da, sah nun seinerseits das Selbstmitleid durchdringend an und wusste, dass er nie wieder durch diese Straße wandern würde. Trotzig setzte er seinen Weg fort.

Es dauerte lange, ehe er die Bilder von diesem für ihn schrecklichen Hause vergessen konnte. Es dauerte auch lange, ehe er sich von der Frage lösen konnte, die sich ihm immer wieder aufdrängte: Wie kann es sein, dass ein lebendiges

Wesen nur das Leiden sucht und nie die Freude?

Noch einmal schaute er zurück, wandte sich aber rasch wieder um, als er sah, wie die Strahlen der Sonne wieder vergeblich mit dem schmutziggrauen Wimpel der windschiefen Hütte zu spielen versuchten.

Wo der Mut am ehesten zu finden ist

Für die meisten Besucher der inneren Welt gelten das Herz und der Mut als unzertrennliche Freunde. Deshalb verstand man sogleich, was es bedeutete, als eines Tages das Herz durch die Straßen lief und laut ausrief: „Ich habe den Mut verloren! Ich habe den Mut verloren!"
Das Vertrauen, die Freude, die Liebe und viele andere erboten sich, gemeinsam mit dem Herzen den teuren Freund zu suchen. Sie bemühten sich nicht nur des Herzens, sondern auch ihrer selbst wegen. Denn wenn das Herz und der Mut getrennt waren, dann war die ganze innere Welt zertrennt. Man suchte lange, und manche waren nahe daran, die Suche aufzugeben.

Dann hatte das Herz einen Einfall: So rasch es konnte, begann es zu laufen. Die anderen vermochten ihm kaum zu folgen. So rasch im Handeln war das Herz immer, wenn es etwas Wichtiges zu begreifen begonnen hatte. Schon aus der Ferne sah es

den Mut. Er hatte am Ufer des Großen Lebensstroms ein Feuer entzündet und wärmte sich daran. Gedankenverloren schaute er auf das Wasser.
Als das Herz den Mut erreicht hatte, nahm es ihn wortlos in die Arme. Es brauchte längere Zeit, um sich frei zu weinen.

„Sag", fragte er schließlich und konnte sein Erstaunen kaum verbergen, „du hattest vergessen, wo ich zu finden bin, wenn ihr mich einmal nicht mehr seht?". Das Herz nickte stumm.
„Sag", begann er noch einmal, „du hattest wirklich vergessen, dass der Große Strom unser aller Heimat ist?" Das Herz nickte beschämt.
Still setzten sich die anderen im Kreis um die beiden herum. Schweigend, im Innern jedoch sehr bewegt, verbrachten sie miteinander die ganze Nacht und hörten in die Gesänge hinein, die von den lebendigen Wassern zu ihnen herüber wehten.

Als am Morgen der Nebel über dem Fluss von der frühen Sonne in ein weißes Licht getaucht wurde und alle sich an diesem wunderschönen Bild hinlänglich satt ge-

sehen hatten, zogen sie mit dem fröh-
lichsten aller Gesänge in die Stadt zurück.

Wenn der Mut sich nicht mehr fühlt

Kein Bewohner der inneren Welt fühlt sich zu jeder Zeit so, wie er gerne sein möchte. Das gilt auch für den Mut. Manchmal verlässt er sein Haus und irrt umher. Dann weiß er nicht, woher er kommt und wohin er will. Wer ihn näher kennt, kann sich vorstellen, dass Stunden dieser Art so gar nicht seinem Wesen entsprechen. Und deshalb duldet er sie nicht lange. Schon bald bäumt er sich gegen seinen Unmut auf. Und wer das Glück hat, ihn dabei zu beobachten, wird darüber staunen, wie rasch er sich selbst wieder findet:
Zunächst einmal richtet er sich auf. Er nimmt, wie er selbst gern sagt, Haltung an. Dann geht er aufrechten Ganges weiter. Weit öffnet er seine Augen. Voll Aufmerksamkeit sieht er auf alles, was ihm begegnet. Das Herz, das ihn einmal auf einem solchen Weg begleitete, fand das schöne Wort: „Wenn der Mut sein Wesen wieder finden will, dann scheint es so, als suche er in allem, was ihm begegnet, das wartende Leben."

Manchmal sieht er auch weit in die Ferne
– nein, nicht sehnsüchtig, eher fordernd,
vor allem aber gewiss. Dann scheint es,
als hole er allein mit seinem Blick das
„wartende Leben" vom Horizont ab. Und
wenn er gefunden hat, was er finden
wollte, dann bestätigt sich ihm wieder einmal, was er immer ahnte: dass das gute
Leben nur dem verborgen bleibt, der sich
vor ihm verbirgt.

Der geduldige Mut

So manches Mal wird der Mut zum Haus der Traurigkeit gerufen. Und jedes Mal, wenn die Rosen im Vorgarten sich wieder aufgerichtet haben, wissen die Nachbarn, dass er wieder ganze Arbeit geleistet hat. Er kennt mehrere Geheimnisse, durch die er auf die Traurigkeit einwirkt.

Eines seiner Geheimnisse scheint darin zu bestehen, dass er sie zunächst ausweinen lässt und danach im „Buch der sieben Tunnel" blättert. An diesen Bildern zeigt er ihr, dass jeder Tunnel einmal endet.

Ein anderes Geheimnis scheint zu sein, dass der Mut die Traurigkeit an die Hand nimmt und sie so nah wie möglich an jene verborgenen Schönheiten heranführt, die in der Nähe ihres Hauses zu finden sind. Und weil er zu den aufmerksamsten Bewohnern gehört, kennt er sich gut aus im „Reich der verdunkelten Schätze" (seine Brust weitet sich jedes Mal, wenn er sein Lieblingswort gebraucht). Es kommt jedoch auch vor, dass die Rosen erst lange

nach der Verabschiedung des Mutes ihre
Köpfe wieder heben. Diese Tatsache ver-
wirrte die Nachbarn über lange Zeit – bis
sie von der Traurigkeit dieses erfuhren:

Manchmal, wenn sie ganz von Dunkelheit
durchströmt ist, sitzt der Mut an ihrer
Seite, legt seine Hand auf ihre und sagt
nur – nach einer Zeit des Schweigens: „Tu
nichts, steh nicht auf, lass dich fallen –
und warte darauf, dass sich die Lichter
von selbst wieder zeigen."
Und es heißt, dass immer dann, wenn der
Mut ihr so begegnet, sie ihn besonders
liebe.

GESPRÄCHE DES VERTRAUENS

Unser Bedürfnis ist tief, anderen Menschen vertrauen und deren Vertrauen finden zu können, weil immer dann, wenn dieses Gefühl die Brücke zwischen Mensch und Mensch bildet, das Leben gelingt.

Im Ursprungsland, also in der inneren Welt, erkennen sehr wohl einige Bewohner die Bedeutung des Vertrauens für ihr gesamtes Land. Dazu gehören zum Beispiel die Weisheit und das Staunen.

Gleichwohl gibt es andere, die große Mühe haben, die manchmal etwas seltsam anmutende Verhaltensweisen des Vertrauens gut zu heißen. Dabei denke ich besonders an das Misstrauen und die Angst.

Die Weitsicht des Vertrauens

Einst wurden viele Bewohner in große Unruhe versetzt. Die Angst hatte gehört, dass die Krankheit sich der inneren Welt näherte.
Selbstverständlich hatte sie, so rasch sie konnte, diese Nachricht verbreitet. Sie fand sogleich willige Zuhörer, zum Beispiel die Sorge, die Schwermut und natürlich auch den Argwohn.
Andere wiederum, die der ängstlichen Nachrichten überdrüssig waren, wollten von dieser Ankündigung nichts hören. Die Freude lachte nur darüber, das Herz winkte müde ab, und der Zorn konnte sich nur mit Mühe eine bissige Bemerkung verkneifen.

Der Aufmerksamkeit war jedoch nicht entgangen, dass die Angst dieses Mal weniger von ihren eigenen Empfindungen und mehr von der Sache gesprochen hatte. Demnach schien es so, dass die Krankheit in der Tat bereits die Tore der inneren Welt erreicht hatte. Und da die Bewohner auf die Worte der Aufmerksam-

keit zu hören pflegten, wurden auch die
Freude, das Herz und der Zorn nachdenk-
lich. Man bat sie deshalb, die Nachricht
vor Ort zu prüfen. Als die Aufmerksamkeit zurück kam, bestätigte sie, was die
Angst berichtet hatte.

Noch am selben Abend trafen sich die
Bewohner im 'Raum der weiten Höhle'.
Niemand schien so recht zu wissen, was
zu tun wäre. Der Ärger schimpfte nur ü-
ber mangelnde Vorsorge (Der Zorn schnitt
ihm jedoch das Wort bald ab). Die Leichtigkeit versuchte vergeblich, das Problem
auf ihre allseits beliebte Schulter zu nehmen. Die Liebe beschäftigte sich vor allem
mit der Angst und ihren Geschwistern.
Die Weisheit hüllte sich merkwürdigerweise in Schweigen.

Da erhob sich das Vertrauen und sprach:
„Ihr seht: Niemand unter uns weiß, was
die Krankheit uns bringen wird. Es kann
sein, dass uns schwere Zeiten bevorste-
hen. Es kann auch sein, dass sie an uns
vorbeizieht. Doch bedenkt: Die Krankheit
ist nicht der Tod. Sie ist – ach, dass wir
das immer vergessen – ein Teil des Lebens
selbst...", „die auch zum Tod führen

kann", unterbrach die Sorge das Vertrauen.

„Möglich", fuhr es unbeirrt fort, „möglich ist aber auch, dass unsere Welt durch den Besuch der Krankheit sich verändert – und vielleicht nicht nur zum Schlechten..."

„Und wenn sie doch den Tod mit sich bringt?" Obwohl die Angst in der letzten Reihe der Versammlung saß und nur wenige sie sehen konnten, wusste doch jeder, wer diese bange Frage gestellt hatte. Das Vertrauen antwortete ernst: „Solange wir leben, sind wir Partner des Lebens und nicht des Todes. Und wenn doch einmal der Tod unser Tor durchschreitet, dann kommt er mit der Erlaubnis des Lebens. Und dann wird es auch gut sein." Es wurde still im großen Raum. Viele senkten ihre Köpfe, manche beschämt, weil sie selbst nicht so weit wie das Vertrauen gedacht hatten, andere deshalb, weil sie diese neue Ansicht vom Leben und vom Tod erst einmal zu begreifen versuchten.

Nach langer Zeit erhob sich die Weisheit, schaute mit einem seltsam bewegten Ausdruck des Gesichtes zum Vertrauen herüber und verließ den Raum. Das war wie immer für alle ein Zeichen, dass nichts Wichtigeres mehr gesagt werden konnte.

Das Geheimnis des Vertrauens

In den Tagen, in denen fast alle Bewohner der inneren Welt sehr niedergeschlagen waren, weil die Freude sich verborgen hielt, besuchte die Weisheit das Vertrauen. Das kam häufiger vor, denn die Weisheit war nicht selten verzagt.
Wie gewohnt, wurde sie herzlich empfangen. Man sprach über die schwierige Zeit und auch darüber, wie sie zu bewältigen wäre. Das Vertrauen konnte sich jedoch des Eindrucks nicht erwehren, dass die Weisheit den wahren Grund ihres Besuches noch nicht zur Sprache gebracht hatte, und äußerte diese Vermutung.

Die Weisheit zierte sich ein wenig, doch dann stellte sie die Frage, die ihr wichtiger war als jede andere: „Sag, was ist dein Geheimnis?"
Das Vertrauen wurde verlegen, denn es hatte immer Mühe, anderen Dinge zu erklären, für die sie selbst nicht nach Erklärungen suchte.

Nachdem sich die Gastgeberin von ihrer

Verlegenheit erholt hatte, stand sie auf, nahm die Weisheit bei der Hand und führte sie auf ein weites Feld, das jenseits der Stadt gelegen war. Auf diesem Feld stand ein alter Brunnen, den die Weisheit mit Verwunderung betrachtete.

„Wenn die Freude mich verlässt", begann das Vertrauen das Gespräch, „und die Angst sich mir nähert, wandere ich hierher und schöpfe Wasser aus der Tiefe dieses Brunnens, dem ich den Namen 'Urbrunnen' gegeben habe."

„Und warum schöpfst du das Wasser gerade aus diesem Brunnen?" wollte die Weisheit wissen. „Gibt es nicht Brunnen, deren Wasser du viel leichter erreichen könntest?"

„Gewiss", antwortete das Vertrauen, „von solchen gibt es viele. Doch wer die größte Kraft zum Leben braucht, der braucht das Wasser aus der tiefsten Tiefe."

Die Weisheit schaute das Vertrauen lächelnd an. Sie begann zu verstehen. Doch war da etwas, was sie noch immer beunruhigte: „Braucht nicht jeder, der in den Urbrunnen hinabsteigen möchte, den Mut als Begleiter?" – „Den Mut? Ja, auch ihn", antwortete das Vertrauen nachdenk-

lich, „vor allem aber die Leidenschaft,
denn sie ruht nicht eher, bis sie das Wasser des Lebens in der tiefsten Tiefe gefunden hat.“

Das Vertrauen und der Argwohn

Das Vertrauen hat in der inneren Welt nicht nur Freunde. Zu seinen Gegnern gehört auch der Argwohn, der hinter vielem, was andere sagen oder tun, unredliche Absichten vermutet. Sein Haus erinnert den Betrachter an einen mittelalterlichen Turm. Es hat keine Fenster, sondern nur 'Sehschlitze' (der Spott fand dieses Wort). Geht man an seinem Haus vorbei, weiß man nie so recht, ob der Argwohn den Vorbeigehenden sieht oder nicht.

Wie anders dagegen ist das Haus des Vertrauens gebaut! Es scheint vor allem aus Glas zu bestehen. Jeder, der möchte, hat freien Einblick in alle Räume, und wenn sich das Vertrauen für einen Ankömmling interessiert, kann es jeder sehen.

Eines Tages näherte sich der Argwohn dem Haus des Vertrauens. Dieses wunderte sich ein wenig über das in ihm aufsteigende Unbehagen, ein Gefühl, das ihm fast fremd war. Das Vertrauen wischte

jedoch die Empfindung beiseite und ging
in der ihm eigenen Art freundlich auf den
Besucher zu. „Wahrscheinlich willst du zu
mir", begann das Vertrauen das Gespräch.
Der Argwohn antwortete nicht gleich, sondern betrachtete das für ihn höchst ungewöhnliche Haus. Schließlich sagte er: „In
einem solchen Haus kannst du leben?"
Das Vertrauen lachte laut auf und fragte
zurück: „Warum denn nicht? Gefällt es dir
etwa nicht?"
Der Argwohn ging darauf nicht ein, sondern stellte seinerseits eine Frage, die ihm
schon lange auf der Seele gelegen hatte:
„Warum nur bist du allen gegenüber so
unvorsichtig? Ich wundere mich", fügte er
hinzu, „dass du noch lebst."

Dem Vertrauen verschlug es die Sprache.
Solche Worte hatte es noch nie gehört.
Weil aber unschwer zu erkennen war,
dass der Argwohn an diesem Tage anders
war als sonst, bemühte sich das Vertrau-
en um eine gute Antwort. „Mein Freund",
begann es, „ich bin nicht unvorsichtig,
sondern offen. Und offen bin ich, weil ich
zunächst das Beste von anderen erwarte."
Das Vertrauen ließ dem Argwohn Zeit, um
diese für ihn gewiss weltfremde Erklärung

auf sich wirken zu lassen. Dann trat es noch einen Schritt näher an ihn heran und fuhr fort: „Schau, wenn ich mich zum Beispiel einem Mitbewohner, der mir begegnet, verschließe – wie sollte er sich mir öffnen?" Und wenn er sich mir nicht öffnet – wie sollte er sich dann von seiner besten Seite zeigen?"

Der Argwohn wurde unwillig: „Hast du denn etwa nicht die Erfahrung gemacht, dass man kaum einem Bewohner der inneren Welt trauen kann?"
Das Vertrauen antwortete nicht gleich. Es dachte nach und entgegnete schließlich: „Auch ich habe mich manches Mal in anderen getäuscht."
"Siehst du", triumphierte er, „und weil auch du solche Erfahrungen gemacht hast, frage ich dich noch einmal, warum in aller Welt du so unvorsichtig bist?"

„Weil einer da sein muss", antwortete das Vertrauen leise, „der heute und morgen damit anfängt, die Arme für andere zu öffnen."

„Und warum tust du das, wenn auch du die Enttäuschung kennst?" begehrte der

Argwohn noch einmal auf.
„Weil ich oft auch das andere erleben konnte: dass neues Leben kommt, wenn das Misstrauen geht."

Einen Augenblick schien es, als hätte der Argwohn gelächelt. Dann zog er seinen Hut tief in die Stirn und murmelte, während er sich zum Gehen anschickte: „Vielleicht hast du ein wenig recht, vielleicht..."

Die Schule des Vertrauens

In der inneren Welt gibt es eine Reihe von Schulen. Eine zum Beispiel wird von der Vorsicht geleitet. Ihre Schule erkennt man leicht an dem hohen Zaun, der das kleine Gelände umgibt.
Eine andere leitet die Geltung. Wer sie sucht, sieht am Haupteingang die große Fahne, auf der mit großen Lettern das Wort 'Erfolg' geschrieben steht.
Hier aber soll von der Schule des Vertrauens die Rede sein, in der neben der Schulleiterin, dem Vertrauen, vor allem der Mut, die Hoffnung und das Staunen tätig sind.

Die Kinder, die in der Schule erzogen werden, wirken sehr frei. Und wenn man in der inneren Welt freien Personen begegnet, stellt sich bald heraus, dass die meisten von ihnen die Schule des Vertrauens durchlaufen haben. Gerade deshalb jedoch scheint es verwunderlich, dass sie seit einiger Zeit Nachwuchssorgen hat.
Fragt man nach Gründen, äußert zum Beispiel die Vernunft, das Vertrauen ver-

kenne die Realität.

Die Skepsis ist der Ansicht, man habe sich über längere Zeit noch nie auf das Vertrauen verlassen können.

Selbst das Herz ist manchmal nicht ganz sicher, ob das Wohlwollen des Vertrauens dem Leben gegenüber immer gerechtfertigt sei. Doch merkwürdig: Wann immer Gespräche dieser Art stattfinden, scheint die Sonne sich für eine Weile aus der inneren Welt zurück zu ziehen.

Die Schulleiterin und ihre Mitarbeiter haben sich an die Einwände gewöhnt. Sie haben auch den einen oder anderen Einwand bedacht und für die Arbeit fruchtbar gemacht. Insgesamt aber bleiben sie bei ihrer Überzeugung, dass Kinder vor allem das eine brauchen: Den Glauben daran, dass auch in den Feinden des Lebens die Sehnsucht nach gutem Leben wohnt. Die Sehnsucht aber ist stark – jedenfalls dann, wenn sie sich zeigen darf.

An einem Schultag geschah nun etwas Denkwürdiges. Und das, was geschah, ließ selbst die lautesten Kritiker für eine Weile verstummen:
Die jüngste Tochter der Schwäche wurde

zum Vertrauen gebracht, weil kein anderer Lehrer mehr mit dem Kind etwas Gescheites anzufangen wusste. Wann immer es etwas tun sollte – es verweigerte die Aufgabe. Selbst der Mut schien zu verzweifeln. Die Schulleiterin schwieg zunächst. Sie schaute das Kind nur freundlich an und sah, so sagte später die Hoffnung, auf den Grund der kleinen Seele. Dann sprach das Vertrauen: „Du hast sehr schöne Augen, nur kannst du sie selber nicht sehen.“ Die Tochter der Schwäche errötete ein wenig. Das Vertrauen fuhr fort: „ Du hast auch eine schöne Stimme, nur hörst du sie anders als ich.“ Die Kleine warf der großen Person einen scheuen Blick zu. Und sie sprach weiter: „Deine Augen sagen mir, dass du vieles kannst, nur weißt du selbst davon nicht viel.“

Das Kind hielt dem Blick des Vertrauens stand und wagte nun die Frage: „Und woher weißt du das?“ Das Vertrauen suchte nicht lange nach einer Antwort, denn es wusste, das Kinder mit dem Herzen verstehen: „Weil ich es ahne, mein Kind, weil ich es ahne...“

Die Tochter der Schwäche lächelte. Sie

spürte die Wärme, die vom Vertrauen ausging. Sie spürte die Wärme auch in sich selbst. Sie spürte ein neues Gefühl... Vielleicht war es nach diesem Gespräch kein Zufall, dass die Tochter der Freude, die gerade des Weges kam, die Tochter der Schwäche an die Hand nahm und mit ihr nach Hause ging.

Die beiden Seiten des einen Sterns

In der Mitte des Jahres treffen sich die Bewohner der inneren Welt im Haus des Friedens (Das Haus ist ein mittelgroßer Rundbau aus Sandstein). Man kommt zusammen, um über wichtige Fragen des Gemeinschaftslebens zu beraten. Nach dem offiziellen Teil setzen sich alle Teilnehmer um einen großen runden Tisch, auf dem viele köstliche Speisen stehen, und genießen – soweit sie es können – den Frieden und seine Wohltaten.
Es ist schon interessant zu beobachten, wer an diesem Tisch wessen Nähe sucht. So fällt zum Beispiel auf, dass die Angst sehr darauf bedacht ist, nicht neben der Freude sitzen zu müssen. Es fällt auch auf, dass die Melancholie die Nähe der Liebe zu meiden versucht. Vor allem aber ist es schon lange kein Geheimnis mehr, dass das Misstrauen alles unternimmt, um nur nicht das Vertrauen als Tischnachbarn ertragen zu müssen.

Im letzten Jahr hatte der Frieden den

Humor gebeten, ihm bei den Vorbereitungen zum großen Treffen behilflich zu sein, und dieser ahnte auch sogleich den Grund. Die beiden waren seit langem Freunde und hatten schon mach heikle Situation auf ihre Weise gelöst.
Der offizielle Teil war beendet, die Gäste begaben sich zum runden Tisch. Der Humor gesellte sich scheinbar zufällig zum Misstrauen, legte seinen Arm freundschaftlich um dessen Schulter und dirigierte es zu dem Platz, auf dem er sonst zu sitzen pflegte. Er selbst setzte sich zu seiner Linken.

Sie sprachen über jene Missstände der inneren Welt, die in der gerade zu Ende gegangenen Sitzung nach Auffassung des Misstrauens nicht ausreichend Berücksichtigung gefunden hatten. Als dessen Klage ihren Höhepunkt erreicht hatte, wandte sich der Humor seinem Nachbarn zur Linken zu und fragte ihn nach seiner Meinung 'zum Ganzen'.
Das Misstrauen folgte dem Blick des Humors und erschrak, denn es sah in das Gesicht des Vertrauens. Dieses antwortete nicht gleich auf die ihm gestellte Frage, sondern ließ seinen Blick wohlwollend auf

dem Gesicht des Misstrauens ruhen. Dann sagte es zu ihm: „Ich freue mich, dass du heute in meiner Nähe sitzt."

Ehe das Misstrauen reagieren konnte, ergriff der Humor das Wort und sagte lachend, als hätte er den letzten Satz gar nicht gehört: „Wer euch sieht, könnte allen Ernstes glauben, Ihr kämt von verschieden Sternen. Nun, von welchen Sternen kommt Ihr denn?"
Die beiden sahen sich verblüfft an und fanden nicht gleich die rechten Worte. „Vielleicht heißt mein Stern „Liebe zum Leben", antwortete das Vertrauen nach längerer Zeit. „Und meiner", entgegnete das Misstrauen finster: „Sorge um Leben."
Auf diese Antwort hatte der Humor gewartet. Spitzbübisch fragte er: „Kann es wohl sein, dass Ihr beide euren Stern nicht gut kennt?"
„Was willst du damit sagen?", fragten beide wie aus einem Munde.
Da zog der Humor eine alte Pergamentrolle aus seiner Tasche hervor (die Rolle hatte er vor Beginn der Sitzung von seiner Freundin, der Weisheit, ausgeliehen), entfaltete sie aufreizend langsam, schaute jeden von ihnen mit einem kaum verbor-

genen Ausdruck des Triumphes an und sagte: "Seht her! Vor Euch liegen zwei Zeichnungen. Die eine stellt die vordere Seite, die andere die hintere Seite eines und desselben Sternes dar. Und nun: Was lest Ihr?"
Beide beugten sich über das alte Dokument und lasen die Worte: „Liebe zum Leben" und „Sorge um Leben".

Seltsam berührt schauten sie einander an und schwiegen lange. Auch der Humor sagte kein Wort. Sogar die große Runde hatte ihre lebhafte Plauderei unterbrochen. Alle spürten, dass in diesem Augenblick etwas Besonderes geschah.
Langsam erhob sich der Humor – und hinterließ einen freien Platz. Dann sagte das Misstrauen in die Stille hinein: „Nun ja, vielleicht sollten wir etwas näher zusammenrücken."

Die wiedergefundene Ahnung

Einmal im Jahr, wenn der Herbstwind über der Stadt sein herbes Spiel beginnt, treffen sich das Vertrauen und das Staunen und ziehen hinaus auf die Felder und in die Wälder der inneren Welt, um alte oder neue Schätze zu suchen. Schon mancher hat sie auf diesen Wanderungen begleiten wollen, doch bislang haben sie diesen Wunsch abgewehrt.
Wenn sie nach längerer Zeit nach Hause kommen, wirken sie jedes Mal verändert. Das Herz hat sich dafür das schöne Wort einfallen lassen: „Wenn sie zurückkommen, ist es so, als hätten sie ein helleres Gesicht."

Im letzten Jahr schienen sie etwas Außergewöhnliches erlebt zu haben. Jedenfalls wollten sie das, was sie erfahren hatten, nicht für sich behalten und luden nach ihrer Rückkehr mehrere Mitbewohner zu einem Erzählabend ein. Erst spät in der Nacht verabschiedete man sich, und die, die dabei waren, wirkten in der Folgezeit so, als hätten auch sie 'ein helleres

Gesicht' bekommen.

Vieles Schöne und Ungewöhnliche hatten die beiden zu erzählen gewusst. Am schönsten und ungewöhnlichsten aber war die folgende Geschichte:
An einem Nachmittag, als die Sonne noch einmal mit ihrem goldenen Licht den grüngelben Wald durchflutete, standen sie plötzlich vor einem kleinen, offenbar bewohnten Holzhaus. Sie zögerten nicht lange, klopften an die Tür und traten ein, nachdem eine Stimme sie dazu ermuntert hatte.
Vor ihnen stand eine alte Frau mit freundlichem Gesicht. Ihre Kleidung und die Wohnung ließen erkennen, dass sie seit vielen Jahren allein lebte. Auf die Frage, wer sie wäre, antwortete sie mit leiser Stimme: „Ich bin die Ahnung ."
„Was tust du hier in dieser Einsamkeit?", erkundigte sich das Staunen.
„Ich wohne hier, weil ich an diesem Ort am ehesten erfahren kann, welche Gefahren und welches Glück auf die Bewohner der inneren Welt warten."
Das Staunen stand da, den Mund weit geöffnet, das Vertrauen ging einen Schritt auf die Alte zu und legte seine Hände in

ihre.

Nach einiger Zeit, als beide ihre Worte wieder gefunden hatten, sagte das Vertrauen: „Zwar habe ich, glaub ich, manchmal deinen Wind gespürt, doch sehe ich jetzt, dass du so wirklich bist, wie wir es sind."
Die Ahnung lächelte nur und sagte: „Hättet ihr mich eher gesucht, dann hättet ihr mich eher gefunden." Beide schwiegen und schauten die alte Frau aufmerksam an – bis sie wie aus einem Mund ausriefen: „Du bist uns ja verwandt. Wir drei sind doch Geschwister." - „Ja", antwortete die Ahnung, ohne überrascht zu sein, „jeder von uns wurde in der Nähe des Großen Stromes geboren."
„Und warum haben wir uns aus den Augen verloren?" wollten sie wissen. Traurig entgegnete die Gefragte: „Weil selbst Ihr zu oft solchen Bewohnern unserer Welt gefolgt seid, die meinen, ich sei für sie nicht wichtig."
„An welche Bewohner denkst du?", fragte das Vertrauen.
„An den Verstand, an die Skepsis, vor allem aber an die Traurigkeit", antwortete die Ahnung. Beide erkannten, wie recht

sie mit diesen Worten hatte.

Eine Weile ließ die Gastgeberin ihre Besucher mit ihren wichtigen Gedanken allein, dann führte sie sie hinter das Haus. Und was sie da sahen, überwältigte sie: Weit, unübersehbar weit war das Land, das sich hinter dem Haus der Ahnung ausbreitete – jenes fremde Land, in dem die Quellen des Unglücks und des Glücks zu fließen beginnen. Besonders aber bewegte die beiden Schatzsucher die große Helligkeit, die den fernen Horizont auszufüllen schien.

Als sie sich von der alten Frau verabschiedeten – nicht ohne ihr versprochen zu haben, bald wiederzukommen –, wussten sie, dass sie einen der größten Schätze der inneren Welt wiedergefunden hatten.

GESPRÄCHE DER GEBORGENHEIT

Wer sich geborgen fühlt, fühlt ein warmes Ja zum Leben und zu sich selbst. Die Bewohner des Ursprungslandes, also die Bewohner der inneren Welt, wissen die Geborgenheit besonders zu schätzen. So nannte die Weisheit sie einst „die große Friedensfrau".
Die Geborgenheit vermittelt den anderen jedoch nicht nur ein friedvolles Gefühl. Da sie mit sich selber eins ist, ist für viele auch das, was sie mitteilt, von unschätzbarem Wert.

Die Geborgenheit und die Angst

Die innere Welt gleicht einer Stadt am Strom, die im Laufe der Zeit an jenem Berge hochgewachsen ist, durch dessen Tal der Strom fließt.

Die Häuser in der *Oberstadt* sind also jünger als die der Unterstadt. Je tiefer du nun in die Stadt wanderst, desto mehr staunst du über die alte Bauweise. Doch obwohl dir vieles fremd erscheint, hast du das Gefühl, dort unten am Strom zu Hause zu sein (die Bewohner der inneren Welt nennen ihn ehrfurchtsvoll den „Strom des Lebens").

In der *Unterstadt* liegt auch das Haus der Geborgenheit. Nur wenigen ist es bekannt, und noch weniger kennen die Geborgenheit selbst. Jene aber, die sie einmal aufgesucht haben, suchen sie immer wieder auf.

Einmal, als die Angst nicht mehr ein noch aus wusste, beschloss sie in ihrer Not, zu ihr zu eilen. Schon von ferne sah sie ihr Haus. Doch je näher sie ihm kam, desto

mehr zweifelte sie daran, ob es vernünftig
sei, bei der Geborgenheit Hilfe zu suchen.
Trotzdem betrat sie das Haus. Wohlige
Wärme und guter Duft, der ihr nicht vertraut war, hüllten sie ein.

Die Geborgenheit hatte den Gast längst
bemerkt, ließ ihn jedoch zunächst die
fremden Eindrücke aufnehmen. Dann be-
grüßte sie die Angst, zurückhaltend, aber
freundlich. Sie sah, mit wie viel Not die
Angst zu ihr gekommen war und fragte sie
daher rasch, was sie für sie tun könnte.
Alles, was die Angst bedrückte, sprudelte
aus ihr heraus. Die Geborgenheit hörte
still zu, unterbrach sie an keiner Stelle.
Dann, als sie sich ausgesprochen hatte,
rückte sie ihren Stuhl etwas näher an sie
heran, legte behutsam ihre warme Hand
auf ihre Schulter und schaute sie an,
mitfühlend, klar und zuversichtlich.

Nein, die Geborgenheit hatte längst nicht
alles verstanden, was die Angst berichtet
hatte. Vieles konnte sie nicht nachvollzie-
hen. Sie kannte das Leben in der Oberstadt zu wenig. Doch ahnte sie, dass
nichts von dem, was die Angst umtrieb,
Grund zur Verzweiflung war. Und merk-

würdig – die Angst spürte es selbst: Vom ersten Augenblick an, als sie der Geborgenheit nahe war, veränderte sich ihr Zustand. Die Kälte wich aus ihrem Körper, ihre Sprache beruhigte sich, die Spannung ließ nach, und dabei hatte die Geborgenheit noch kein einziges Wort gesagt. Sie hatte nur zugehört, sich dem Gast zugewandt und ihr Wesen auf das andere wirken lassen.

Dann sagte die Geborgenheit doch etwas, und ihre Augen wurden noch wärmer: „Ich sehe deine Not und fühle mit dir. Doch schau dich um: Da ist der 'Strom des Lebens'. Wir in der Unterstadt wandern oft zu ihm. Wir erfreuen uns an seiner Schönheit. Wir atmen seine Ruhe ein. Wir trinken sein Wasser. Wir leben von ihm. Und vieles, was uns bekümmert, löst sich auf, wenn wir in seiner Nähe sind."
„Der Strom des Lebens ist dein Geheimnis?" fragte die Angst nach längerem Schweigen.
„Er ist unsere Heimat und auch deine", entgegnete die Geborgenheit, „er ist da, auch wenn du ihn nicht siehst, heute, morgen, alle Zeit."

Die Geborgenheit und die Einsamkeit

Einmal im Monat wandert die Geborgenheit ins Tal der Einsamkeit. Kein Weg ist für sie weiter als dieser, und keiner ist steiniger: Das Tal der Einsamkeit liegt im Norden der inneren Welt, dort wo die Sonne selbst in den Sommermonaten nur kurze Zeit ihre Wärme verschenkt. Die Einsamkeit wartet auf die Besucherin schon Tage vorher mit großer Ungeduld, denn es gibt für sie nichts Größeres als die Gunst dieser Stunden.

Der letzte Besuch verlief allerdings merkwürdig. Zunächst plauderten die beiden wie immer vertraut miteinander. Dann fiel der Einsamkeit auf, dass die Geborgenheit etwas Besonderes sagen wollte und noch nach Worten suchte. Die Einsamkeit war gerade im Begriff, ihr ihren Eindruck mitzuteilen, als die Geborgenheit zu sprechen begann: „Ich glaube, dass ich mich niemandem in der inneren Welt gegen über so töricht verhalte wie dir gegenüber."
Die Einsamkeit erschrak. Doch ehe sie ihr

Gefühl zum Ausdruck bringen konnte, fuhr die Geborgenheit fort: „Warum nur wandere ich jedes Mal den Weg von mir zu dir? Warum kommst du nicht auch manchmal zu mir?"

Die Geborgenheit ließ der Einsamkeit Zeit, um sie diesen für sie offenbar neuen Gedanken auf sich wirken lassen zu können. Dann nahm sie das Wort wieder auf und sprach: „Wenn die Vögel Hunger haben, suchen sie nach Nahrung. Wenn die Kinder spielen wollen, suchen sie sich Gefährten. Wenn du nach mir Sehnsucht hast, warum suchst du mich dann nicht auf?"

Diese Sätze trafen die Einsamkeit zutiefst. Sie fühlte sich unverstanden. Aschfahl geworden, antwortete sie: „Weiß ich denn, wo du wohnst? Weiß ich denn, ob ich den langen Weg zu dir durchhalten kann?"
Die Geborgenheit, der daran lag, ihr heute etwas Wesentliches mitzuteilen, ließ sich trotz dieser heftigen Reaktion nicht beirren und sagte deshalb nicht ohne Strenge: „Auch ich musste dich erst suchen, und auch für mich ist der Weg zu dir sehr mühsam. Und schließlich: Nicht jedes

Mal, nur manchmal, hab ich gesagt, könntest auch du mich besuchen.“

Das Tal hatte sich inzwischen so eingedunkelt, dass die Einsamkeit die Geborgenheit kaum noch erkennen konnte. Da fasste diese ganz sacht nach dem Arm der Einsamkeit, hielt ihn liebevoll fest und sagte ganz leise: „Nicht jedes Mal, nur dann und wann...“

Die Geborgenheit und die Freude

Wenn der Winter in die innere Welt einzieht, wenn das Licht dunkler wird und die Landschaft ihre bunten Farben verliert, zieht sich auch die Wärme zurück. Und jedes Mal, wenn das geschehen ist, haben die Bewohner vergessen, wohin sich die Wärme zurückgezogen hat. Dann werden manche unruhig, andere gar verwirrt. Nur wenige besinnen sich darauf, wer den Ort wissen könnte, zu dem die Wärme gewandert ist.
Und jedes Mal wieder, wenn jemand sich Zeit zur Besinnung genommen hat, erinnert er sich daran, dass das Herz den Ort der Wärme kennt, und auch daran, dass das Herz immer wieder zur Auskunft bereit ist.

An einem Wintertag erkundigte sich die Freude nach dem Weg zur Wärme. Das Herz wunderte sich zwar ein wenig darüber, dass auch sie den Ort vergessen hatte, begnügte sich jedoch mit ihrer Verwunderung und beschrieb ihr den Weg.

Der Empfang war herzlich, das ganze Haus der Geborgenheit war ein einziges Wärmeland. Sie selbst schien sich allerdings über die Freude zu belustigen. Denn diese rieb sich verlegen die sonst so quirligen Hände und schien nur damit beschäftigt zu sein, die Poren weit zu öffnen und die Wärme in sich einzulassen.

„So sah ich dich noch nie" begann die Geborgenheit das Gespräch. Die Freude, noch immer nicht wieder ganz bei sich, entgegnete eher beiläufig: „Wie konnte ich nur vergessen, dass es dich und deine Wärme auch im Winter gibt?"

„Ich bin da" sagte die Geborgenheit, „ich bin immer da. Ich bleibe auch dann, wenn der Winter noch strenger ist als dieser."

„Selbst dann, wenn dich alle Bewohner der inneren Welt vergessen haben?", fragte die Freude.

„Selbst dann", entgegnete die Geborgenheit, „denn ich bin ein Kind des Lebens selbst."

Die Geborgenheit und die Träume

Manchmal, wenn sich die Nacht über die Welt ausgebreitet hat, ist die Geborgenheit verzagt, weil der Mensch, dem sie Heimat geben möchte, sie nicht findet.
Dann wandert sie zum Tal der Träume und bittet den einen oder anderen Traum um Hilfe.
Die Gespräche dauern lange, weil kein Traum unvorbereitet in den Schlaf des Menschen wandert. Sie sprechen über sein Leben: Über das was ihn bekümmert, über das, was ihm fehlt, und auch darüber, was er heute Nacht erfahren sollte.

Danach beginnt der letzte und schönste Teil des Gespräches: Die Frage nach den Traum-Bildern (Bilder sind für die Träume ebenso wie für die Geborgenheit die „wirklichsten Wirklichkeiten"), die den Träumer zum Haus der Geborgenheit führen sollen. Und in fast jeder neuen Nacht sind es neue Bilder, die dieser heimlichen Gesellschaft in den Sinn kommen: Da finden sie den blauen See, dessen Wasser den Träu-

mer trägt, die warme Sandmulde, in der
er sich wohlig ausstreckt, die lange, innige
Umarmung durch einen anderen Menschen und viele anderen Bilder mehr.

Dann erheben sich die Geborgenheit und
die jeweils zuständigen Träume. Die Träume eilen zum Schlaf, die Geborgenheit
wandert nach Hause – und hofft und
hofft, dass der Mensch zu fühlen beginnt,
wo seine Heimat ist.

Die Geborgenheit und die Hektik

Wenn Versammlungen in der inneren Welt stattfanden, erheiterten sich manche Teilnehmer darüber, dass die Hektik, wann immer sie die Geborgenheit erblickte, einen weiten Bogen um sie machte. Manchmal begann sie sogar bei diesen in der Tat sehr feierlichen Anlässen zu laufen.

Einmal allerdings ergab es sich, dass die Hektik wegen ungünstiger Umstände den Platz neben der Geborgenheit einnehmen musste. Es dauerte nicht lange, bis ihre Stirn zu perlen anfing. Sie redete auf die Geborgenheit ein, berichtete von vielen scheinbar wichtigen Ereignissen, vermied jedoch, ihre Gesprächspartnerin dabei anzusehen. Ihr Blick suchte immer neue Dinge, an denen er sich festhalten konnte, blieb aber nirgendwo haften.

Die Geborgenheit fühlte sich in der Nähe der Hektik auch nicht wohl, denn sie litt mit ihr. Sie spürte deren Unruhe, bemerkte ihre Anspannung, spürte, dass die Hek-

tik sich selbst kaum aushalten konnte.
Nach einiger Zeit legte die Geborgenheit
ganz ruhig ihre warme Hand auf die der
Hektik. Diese sah die Geborgenheit mit
weit aufgerissen Augen an. Sie wollte etwas sagen, fand aber kein Wort.
Die Geborgenheit lächelte nur. Ein scheu-
es Lächeln, unter dem einen Augenblick
lang tausend Verletzungen sichtbar wurden, kam zurück. Beide schwiegen.

Irgendwann fragte die Geborgenheit, so,
dass niemand anderes als die Hektik ihre
Worte hören konnte: „Sag, wovor nur
läufst du weg?" Die Hektik tat so, als hätte sie die Frage nicht verstanden, verzichtete jedoch auf ein flüchtiges Wort. Sie sah
die Fragende nur unverwandt an. Dann
sagte die Hektik etwas, worüber sie selbst
am meisten erstaunte: „Ich laufe vor dem
Druck weg, der mich belastet, wann immer ich zum Stillstand komme."
„Der Druck?", fragte die Geborgenheit zurück. „Ja, der Druck. Er kommt von den
vielen Aufgaben, die mir aufgebürdet werden. Er kommt aber auch – ich weiß nicht
woher."
Was die Hektik mit den Aufgaben meinte,
konnte die Geborgenheit verstehen, denn

die Hektik gehörte zu jenen Bewohnern, die zu viele ungebetene Gäste in ihr Haus hinein ließen. Doch gab es wohl noch einen anderen Grund.

Wieder schwieg die Geborgenheit lange, und die Hektik, die noch immer nicht ihre Hand zurückgezogen hatte, ließ sie schweigen. Vielleicht wurde aus diesem Schweigen eine neue Idee für sie geboren. Schließlich richtete sich die Geborgenheit langsam auf und sprach: „Ich glaube, dass der Druck für dich zu mächtig ist, weil du selbst keinen Halt hast. Ja, das ist es. Du hast den Halt noch nicht gefunden. Der Halt wird zwar auch vom Druck bedrängt, doch der ist stark genug, ihn irgendwann zur Umkehr zu bewegen."
Die Hektik war zunächst sprachlos. Dann begann sie zu verstehen. Vielleicht hatte die Geborgenheit recht. Hätte sie einen Halt, dann wäre sie gehalten und bräuchte sich nicht ständig vom Druck treiben zu lassen.
Nur – wo war der Halt zu finden?

Die Geborgenheit erriet ihre Gedanken und sagte deshalb: „Komm mit mir. Ich zeige dir den Weg zu ihm. Er wohnt in

meiner Nähe. Er ist, es wird dich nicht
mehr überraschen, mein Bruder.“

Die Frage der Geborgenheit

Am Ende eines Jahres treffen sich die Bewohner der inneren Welt und tauschen ihre Erfahrungen aus. Die meisten von ihnen sind sehr darum bemüht, aus dem alten Jahr viel zu lernen, um im neuen weniger Fehler zu machen.
Die Geborgenheit kommt auch zu jedem dieser Abende, doch sie fragt selten etwas, noch berichtet sie viel von dem, was war.
Am letzten dieser Abende ging es um die Frage, worauf es im Besonderen zu achten gälte. Jedermann merkte, dass selbst die Geborgenheit diesem Thema gegenüber aufgeschlossen war (Sie hatte sich in der Tat diese Frage noch nie gestellt).

Jeder Bewohner äußerte, natürlich aus seiner persönlichen Sicht, welche Aufgabe ihm besonders wichtig wäre.
Als alle geendet hatten, schauten sie erwartungsvoll auf die Geborgenheit. Sie erhob sich und sprach mit etwas zu leiser Stimme (sie war eben kein sehr öffentliches Wesen): „Meine besondere Bemühung gilt denen, die schutzloser sind als

andere. Sie gilt den Kindern, den Alten, den Kranken und all denen, die sich in ihrer Sehnsucht nach Leben verzehren."
„Und was ist mit den vielen, die weder jung noch alt, nicht krank und auch nicht sehnsüchtig nach Leben sind? An jene denkst du nicht?" wandten einige sehr verantwortungsvolle Zuhörer ein.
„Doch", entgegnete die Geborgenheit ruhig, „an die denke ich auch, aber sie haben eher als die anderen die Möglichkeit, mich zu suchen."

Das leuchtete allen ein. Und doch war da etwas, was es noch zu klären galt. Niemand aber wusste so recht, was es war. Die Versammelten beschlossen, eine Weile miteinander zu schweigen und nachzudenken.

Nach einiger Zeit erhob sich der Zorn, der als einer der gerechtesten unter den Bewohnern der inneren Welt galt: „Warum nur beschweren sich so viele Menschen darüber, dass ihnen gerade die Geborgenheit im Leben fehle?"
Selten sah man diese so traurig. Die Frage hatte sie tief getroffen. Doch da sie nicht dazu neigte, sich gleich zu rechtfertigen,

senkte sie ihren Kopf und sammelte zunächst einmal ihre Gedanken. Dann antwortete sie mit klarer Stimme: „Viele Menschen beschweren sich also darüber, dass ich ihnen fehle. Nun sagt selbst: Bin ich da – oder bin ich nicht da?"

Zustimmendes Raunen ging durch den Raum. Die Geborgenheit hatte recht geantwortet. Ja, einige fühlten sich selbst von dieser Antwort tief berührt, vor allem die Freiheit, der Mut, die Freude, die Liebe, um nur einige zu nennen. Sie und auch andere fragten sich: „War es nicht so gemeint, dass der Mensch *uns* aufsuchen sollte? Warum nur wartet er stets darauf, dass wir ihn aufsuchen?"

Selten dauerte ein Treffen der inneren Welt länger als dieses. Erst nach Mitternacht verabschiedete man sich. Und auf dem Heimweg sagte nicht nur die Geborgenheit so manches Mal den Satz vor sich hin: „Wie konnte es nur dazu kommen, dass der Mensch stets darauf wartet, dass wir ihn aufsuchen?"

Der Weg zur Geborgenheit

Auf einer Versammlung der inneren Welt, auf der jeder Bewohner eine Wegbeschreibung zu seinem Haus vorlegen sollte, sah man die Geborgenheit merklich in sich gekehrt.

Die Freiheit, die in ihrer Nähe saß, bemerkte ihre zögerliche Haltung und fragte, ob nicht auch sie bereit wäre, eine Skizze zugänglich zu machen. „Ja, schon", entgegnete die Angesprochene, „der Weg zu mir ist allerdings nicht leicht zu erklären".

Der Freiheit gefiel die Antwort gar nicht. Der Weg zu ihr selbst war doch leicht zu zeigen, wie also sollten andere Wege schwerer zu beschreiben sein?

Vielleicht, weil die Geborgenheit der Freiheit gegenüber immer etwas scheu war, vielleicht auch, weil sie sich von den anderen nicht ausschließen wollte -, jedenfalls dachte sie noch einmal tief nach. Schließlich sagte sie: „Jeder, der zu mir kommen will, sollte zunächst zur Hoffnung wandern. Zur Hoffnung gelangt er, wenn er ganz fest an mich denkt. Wenn er

die Hoffnung erreicht hat, hat er die Gefil-
de der Angst bereits hinter sich gelassen.
Und weil er dann unbeschwerter laufen
kann, wird er auch den etwas weiteren,
aber sehr schönen Weg zur Liebe bewältigen. Die Liebe wird dann dem Wanderer
den kleinen Pfad zeigen, der zu meinem
Hause führt."

Während des letzten Satzes nickte die
Liebe zustimmend, und die meisten Teilnehmer der Versammlung im großen Saal
hatten den Eindruck, dass nach dieser
Beschreibung jedermann das Ziel erreichen könnte, vorausgesetzt, jeder wollte
es auch suchen.

Das „Land der großen Verabschiedung"

Es gibt in der inneren Welt ein Gebiet, über das die Bewohner nur wenig sprechen. Es liegt ganz am Rande dieser Welt, unweit einer schmalen Brücke, die über den großen Strom ins „Land der ewigen Lichter" führt. Man nennt dieses Gebiet das „Land der großen Verabschiedung".

Zu den besonders wichtigen Aufgaben der Geborgenheit gehört es, so oft wie möglich jenen, denen die „große Verabschiedung" bevorsteht, behilflich zu sein. Fast alle, die dort warten, warten vor allem auf sie, die Geborgenheit. Manche sind allerdings schon so geschwächt, dass sie kaum noch sprechen können. Doch das ist, wenn „die große Friedensfrau" bei ihnen ist, auch nicht mehr nötig.

Einmal begegnete sie bei einem ihrer Besuche der Schuld, die vor dem Gang über die schmale Brücke große Angst hatte. Sie beklagte ihr ganzes Leben. Sie zählte alles auf, worin sie gescheitert war, und äußerte die Befürchtung, dass sie keinen Frieden mehr finden würde.

Die Geborgenheit hörte die Klage der Schuld geduldig an. Sie ließ sie alles aussprechen, was sie bedrückte. Sie ermutigte sie auch, sich endlich auszuweinen. Dann schaute sie sie mit großem Ernst an und sagte: „Schau hinüber in das andere Land. Nur die schmale Brücke verbindet jenes Land mit diesem hier. Und glaube mir: Die Länder sind verschieden, sind wirklich grundverschieden. In diesem Land herrscht das *Gesetz*, darum fühlst du dich elend, in jenem herrscht die *Liebe*, von der du noch so wenig weißt."

Die Schuld hörte der Geborgenheit mit wachen Sinnen zu und beruhigte sich allmählich. Dann richtete sie sich ein letztes Mal auf, sah die Geborgenheit mit großen Augen an und fragte: „Und woher weißt du das?"

Die Angesprochene zögerte einen Augenblick, denn auf diese Frage hatte sie noch nie geantwortet. Um dieses armen Wesens willen war sie jedoch zu einer Antwort bereit. Sie fasste die Hand der Schuld ein wenig fester und sagte nur: „Ich komme von dort".

Und während die Schuld die Augen
schloss, umarmte die Geborgenheit sie
und trug sie zu der schmalen Brücke, die
nun in helles Licht getaucht war.

LITERATUREMPFEHLUNGEN

NEUERSCHEINUNGEN:
• Sag Ja und lebe!, Meditationen für jeden Tag,
Hamburg 2007
• Gottesleuchten – Begegnungen mit dem Unbe-
wussten Gott in unserer Seele, München 2007
• Unsere Tiefe ist hell. Wertimagination – ein
Schlüssel zur inneren Welt, München 2005
• Vom Typ zum Original – Ein Praxisbuch zum
Enneagramm, Hamburg 2006
• Bei sich beginnen. -17 Wege zum Glück-: Uwe
Böschemeyer/Magda Van Cappellen, Hamburg
2004
• Worauf es ankommt - Werte als Wegweiser,
München 2003
• Das Leben meint mich, Hamburg

WEITERE BUCHTITEL:
• Das heitere Enneagramm, Hamburg
• Das Leben meint uns - 111 Ermutigungen für
Paare, München Zürich
• Festschrift für Uwe Böschemeyer zum 65.
Geburtstag, Hamburg 2004

KLEINBUCHREIHE:
• Ich verstehe Dich, Du verstehst mich,
• Allein leben, Hamburg
• Sinn für mein Leben finden, Hamburg
• Die Sprache der Träume, Hamburg
• Die Kraft deiner Gedanken, Hamburg
• Sich selbst bejahen, Hamburg

VERGRIFFEN:
(können jedoch im Institut zum Sonderpreis er-
worben werden)
• Zu den Quellen des Lebens – Meditationen für
jeden Tag
und
• Neu beginnen. Konkrete Hilfen in Wende- und
Krisenzeiten

JAHRBUCH:
des Hamburger Instituts und der Akademie für
Wertorientierte Persönlichkeitsbildung/WOP®
• Bildung und Werte (Band I und II 2007), Hrsg:
Magda Van Cappellen, Hamburg 2007 (Themen
und Inhaltsangabe: siehe auch Homepage)

SONDERDRUCKE:
(nur im Institut erhältlich)
• Uwe Böschemeyer, Wertorientierte
Persönlichkeitsbildung. Eine Grundlegung
• Uwe Böschemeyer, Mensch sein, Mensch
werden. Erfahrungen aus 25 Jahren Instituts-
arbeit (Vortrag zum 25-jährigen Jubiläum des
Instituts)

INFORMATIONEN

Weiterführende Informationen über Theorie und Praxis der Wertimagination/WIM® erhalten Sie hier:

Hamburger Institut für Existzenzanalyse und Logotherapie/ Akademie für Wertorientierte Persönlichkeitsbildung/WOP®
Barckhausenstrasse 20
21 335 Lüneburg

Telefon: 04131/403844
Telefax: 04131/403845

e-mail: sekretariat@boeschemeyer.de

www.logotherapie-hamburg.de

www.wertorientierte-persoenlichkeitsbildung.de